消えたレッサーパンダを追え！

警《けい》視《し》庁《ちょう》「生きもの係」事《じ》件《けん》簿《ぼ》

たけたにちほみ 文

Gakken

警視庁《けいしちょう》には「生《い》きもの係《がかり》」という係《かかり》がある！

東京都《とうきょうと》の警察組織《けいさつそしき》、警視庁《けいしちょう》。
そのなかで、
生《い》き物《もの》の密輸《みつゆ》＊などを、
取《と》りしまっているのが、
「生《い》きもの係《がかり》」だ。
この本《ほん》では、「生《い》きもの係《がかり》」が
じっさいに捜査《そうさ》した、
事件《じけん》をしょうかいするよ。

＊密輸《みつゆ》…法律《ほうりつ》を守《まも》らず、こっそり国《くに》から出《だ》したり持《も》ちこんだりすること。

まだ「生《い》きもの係《がかり》」ができる前《まえ》のころの福原警部《ふくはらけいぶ》（1998年《ねん》）

「生《い》きもの係《がかり》」のエキスパート

福原《ふくはら》 警部《けいぶ》

これまで、いくつもの生《い》き物《もの》をめぐる事件《じけん》を追《お》いかけ、解決《かいけつ》にみちびいてきた。子《こ》どものころから生《い》き物《もの》が大《だい》すきで、家《いえ》でコウモリを飼《か》おうとしたこともある。

千葉県《ちばけん》の動物園《どうぶつえん》からぬすまれたレッサーパンダの「天天《てんてん》」。（写真《しゃしん》は2002年《ねん》。動物園提供《どうぶつえんていきょう》）

ファイル 1

レッサーパンダ盗難事件《とうなんじけん》

動物園《どうぶつえん》から次《つぎ》つぎに生《い》き物《もの》が消《き》えた!?

二〇〇三年《ねん》、あちこちの動物園《どうぶつえん》や研究所《けんきゅうじょ》から、さまざまな生《い》き物《もの》がぬすまれる事件《じけん》が起《お》きた。

事件《じけん》発生《はっせい》!

千葉県《ちばけん》の動物園《どうぶつえん》から、レッサーパンダと同時《どうじ》にぬすまれたワタボウシタマリン。ワタボウシタマリンは人間《にんげん》によって生息地《せいそくち》がはかいされ、絶滅《ぜつめつ》が心配《しんぱい》されているサルだ。

捜《そう》査《さ》を開《かい》始《し》！

ぬすまれた動物《どうぶつ》をさがすため「生《い》きもの係《がかり》」は、ききとりやインターネットなどを使《つか》って情報《じょうほう》を集《あつ》めながら、犯人《はんにん》を追《お》いつめる。

生《い》きもの係《がかり》は、事件《じけん》の犯人《はんにん》をつかまえることができるのか⁉

動物園《どうぶつえん》から入手《にゅうしゅ》した天天《てんてん》の写真《しゃしん》。

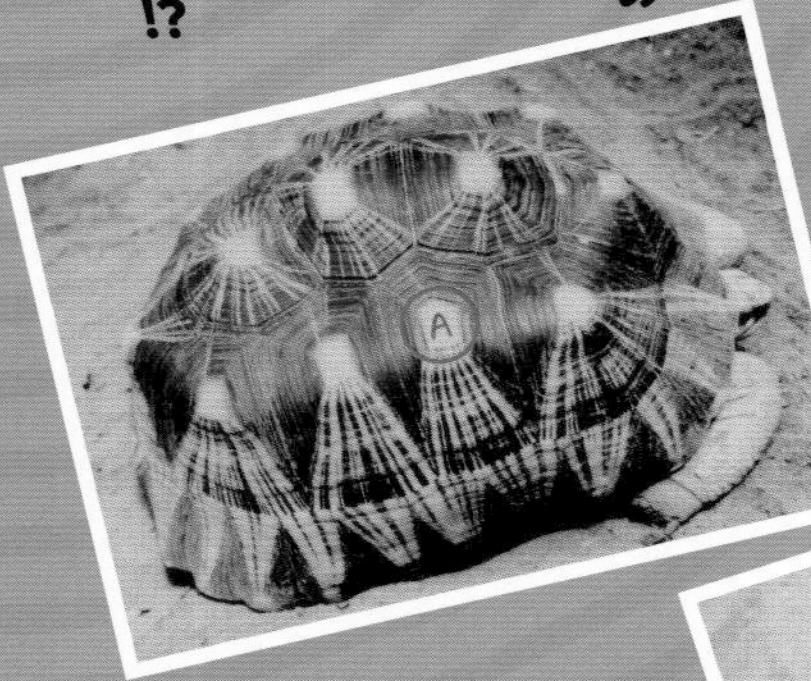

5月《がつ》、東京都《とうきょうと》の研究所《けんきゅうじょ》からぬすまれたホウシャガメの写真《しゃしん》。それぞれ赤《あか》い文字《も じ》で「A」「B」「C」と書《か》いてある。カメの区別《くべつ》をつけるための目印《めじるし》だ。

ファイル
2

カメ・ワニ 大量密輸事件《たいりょうみつゆじけん》

法律《ほうりつ》で禁止《きんし》されていても、めずらしい生《い》き物《もの》を飼《か》おうとする人《ひと》がいるかぎり、生《い》き物《もの》をめぐる事件《じけん》がなくなることはない。二〇〇五年《ねん》には、たくさんのカメやワニが密輸《みつゆ》される事件《じけん》が起《お》きた。

2005年《ねん》、マダガスカルから日本に密輸《みつゆ》されたあと、保護《ほご》されたホウシャガメ。

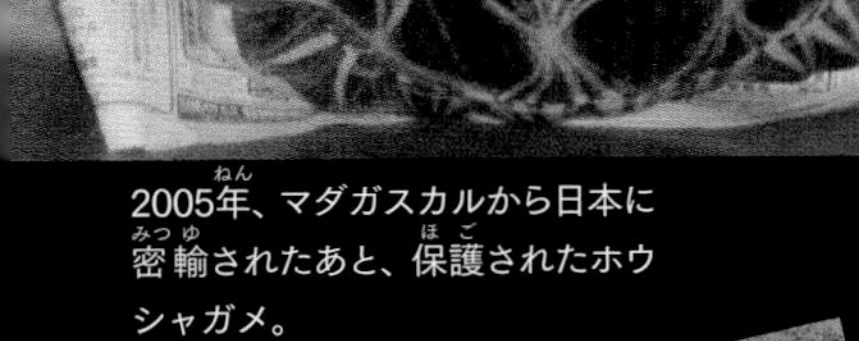

上《うえ》の写真《しゃしん》は2011年《ねん》にべつの事件《じけん》で保護《ほご》された直後《ちょくご》のカメたち。矢印《やじるし》のカメは「まぼろしのカメ」とよばれるヘサキリクガメ（手前左《てまえひだり》はホウシャガメ）。このヘサキリクガメは一《いっ》ぴきあたり350万円《まんえん》ほどで取《と》り引《ひ》きされた。

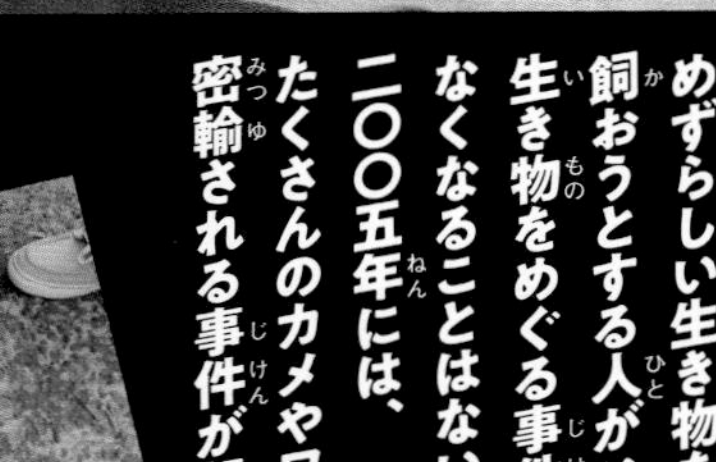

犯人《はんにん》はホウシャガメを密輸《みつゆ》したのではなく、日本で卵《たまご》からかえしたのだとして、写真《しゃしん》のように卵《たまご》のからを用意《ようい》していた。日本で産《う》まれた卵《たまご》からかえったのであれば問題《もんだい》ないが、じっさいはケヅメリクガメのからだと思《おも》われる。

ファイル
3

二《ふた》つのスローロリス密輸《みつゆ》事件《じけん》

「運《はこ》び屋《や》」を使《つか》って密輸《みつゆ》されていたスローロリスが保護《ほご》された。

スローロリスは目《め》が大《おお》きく、ゆっくりとした動《うご》きが特《とく》ちょうだ。（2012年《ねん》）

ファイル
4

アジアアロワナ密売《みつばい》事件《じけん》

福原警部《ふくはらけいぶ》が最初《さいしょ》に解決《かいけつ》した生《い》き物《もの》の事件《じけん》が、アジアアロワナの密売《みつばい》だ。

アジアアロワナは全長《ぜんちょう》1mにもなる巨大《きょだい》な魚《さかな》で、大昔《おおむかし》からほとんどそのすがたをかえていない。
（写真《しゃしん》は事件《じけん》とは無関係《むかんけい》のアジアアロワナ）

ファイル5
コツメカワウソ売《う》りこみ事件《じけん》

密輸《みつゆ》され、売《う》られそうになったコツメカワウソの子《こ》どもが保護《ほご》された。

保護《ほご》されたときには、ますいをうたれ、すっかり弱《よわ》りきっていた。(2018年《ねん》)

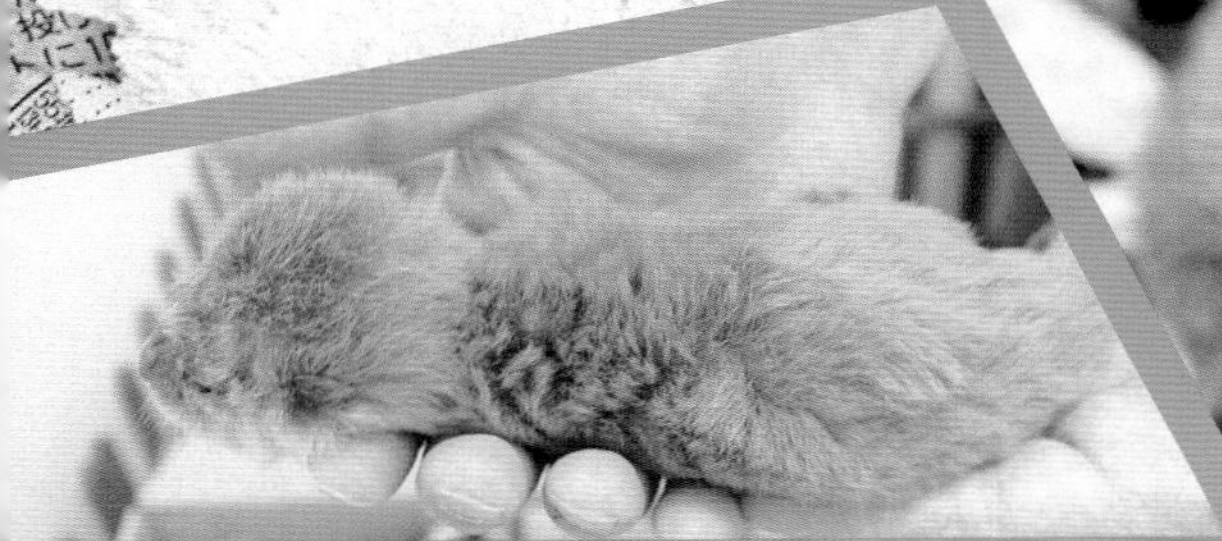

ファイル6
アマミイシカワガエル密猟《みつりょう》事件《じけん》

鹿児島県《かごしまけん》の奄美大島《あまみおおしま》から、そこにしかいない多《おお》くの生《い》き物《もの》が持《も》ちだされかけた。

下《した》の写真《しゃしん》は鹿児島県《かごしまけん》の指定天然記念物《していてんねんきねんぶつ》アマミイシカワガエル。「日本一美《うつく》しいカエル」とよばれ、世界《せかい》で奄美《あまみ》大島《おおしま》にしかいない。(2018年《ねん》)

上《うえ》の写真《しゃしん》はアマミハナサキガエル。鹿児島《かごしま》県《けん》の指定天然記念《していてんねんきねん》物《ぶつ》で絶滅《ぜつめつ》が心配《しんぱい》されており、つかまえることは禁止《きんし》。(2018年《ねん》)

生《い》きもの係《がかり》があつかうのは動物《どうぶつ》だけではない。これは密輸《みつゆ》されたランの一種《いっしゅ》。根《ね》に、害虫《がいちゅう》やウイルスがいないか検査《けんさ》をしている。密輸《みつゆ》される動植物《どうしょくぶつ》は、人《ひと》にうつる感染症《かんせんしょう》にかかっている可能性《かのうせい》もある。（2006年《ねん》）

地球《ちきゅう》の自然《しぜん》を守《まも》るため 生《い》きもの係《がかり》はたたかいつづける……

このほかにも、生《い》きもの係《がかり》は日《ひ》び、たくさんの事件《じけん》に立《た》ち向《む》かっている。ひがいにあった生《い》き物《もの》を守《まも》ることは、自然全体《しぜんぜんたい》を守《まも》ることにもつながる。さっそく次《つぎ》のページから、その活《かつ》やくをみていこう。

保護《ほご》されたマレーガビアルというワニの仲間《なかま》。東日本大震災《ひがしにほんだいしんさい》で電《でん》力《りょく》がかぎられているなか、神奈川《かながわ》県《けん》の動物園《どうぶつえん》が一時的《いちじてき》にあずかった。飼育員《しいくいん》は「生《い》かすことができないかもしれない」と福原警部《ふくはらけいぶ》に伝《つた》えたが、無事《ぶじ》に生《い》きのび、この後《あと》北海道《ほっかいどう》の動物園《どうぶつえん》にうつされた。（2011年《ねん》）

消《き》えたレッサーパンダを追《お》え！

警視庁《けいしちょう》「生《い》きもの係《がかり》」事件簿《じけんぼ》

もくじ

生《い》きもの係《がかり》 メモ

ファイル 1

レッサーパンダ盗《とう》難《なん》事《じ》件《けん》

こちら警視庁《けいしちょう》「生《い》きもの係《がかり》」

二〇〇三年《ねん》六月《がつ》のことである。

警視庁《けいしちょう》＊の生活《せいかつ》環境《かんきょう》課《か》環境第《かんきょうだい》三係《がかり》に、ある捜査《そうさ》のいらいがとどいた。

「なんだって！　今度《こんど》は、千葉県《ちばけん》でレッサーパンダが消《き》えた？」

第《だい》三係主任《がかりしゅにん》の福原秀一郎警部補《ふくはらしゅういちろうけいぶほ》は、悲《かな》しみのまじった、いかりの声《こえ》を上《あ》げた。この事件《じけん》の前《まえ》に、ほかの動物園《どうぶつえん》やペットショップで、希少動物《きしょうどうぶつ》＊の盗難《とうなん》が起《お》きていたからだ。

この第《だい》三係《がかり》は、通称《つうしょう》「生《い》きもの係《がかり》」。一年前《ねんまえ》の二〇〇二年《ねん》十月《がつ》につくられた部署《ぶしょ》だ。

レッサーパンダ

レッサーパンダ科《か》
体長《たいちょう》（尾《お》をのぞく長《なが》さ）：51～64cm
原産地《げんさんち》：アジア中央部《ちゅうおうぶ》

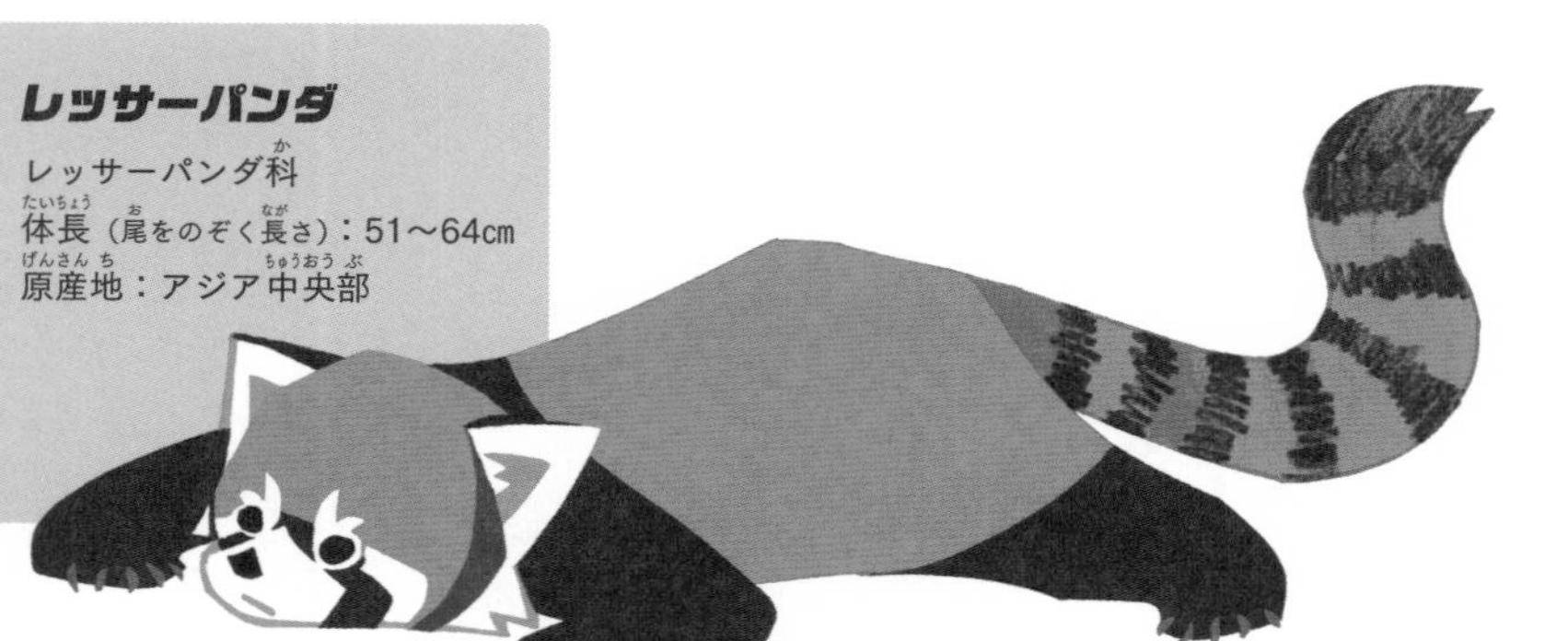

このとき生《い》き物《もの》を専門《せんもん》に捜査《そうさ》する係《かかり》は、日本で警視庁《けいしちょう》の第《だい》三係《がかり》しかなく、全国《ぜんこく》から事件《じけん》の報告《ほうこく》が集《あつ》まってきていた。

怪力男《かいりきおとこ》あらわる！

希少動物盗難事件《きしょうどうぶつとうなんじけん》は三か月《げつ》ほど前《まえ》、三月《がつ》から始《はじ》まった。東京都足立区《とうきょうとあだちく》のペットショップで、百《ひゃく》五十万円《まんえん》もするホウシャガメがぬすまれたのだ。

さらに四月《がつ》十四日《か》には、神奈川県横浜市《かながわけんよこはまし》にある動物園《どうぶつえん》でも、ホウシャガメが二ひき消《き》えた。

「なに？　動物園《どうぶつえん》からホウシャガメがいなくなった？」

福原警部補《ふくはらけいぶほ》は、自分《じぶん》の耳《みみ》をうたがった。

動物園《どうぶつえん》から動物《どうぶつ》がぬすまれるなんて話《はなし》は、今《いま》まで一度《いちど》も

＊警視庁《けいしちょう》…東京都《とうきょうと》の治安《ちあん》をになう警察組織《けいさつそしき》。
＊希少動物《きしょうどうぶつ》…数《かず》が少《すく》なく、絶滅《ぜつめつ》が心配《しんぱい》されている動物《どうぶつ》。

ホウシャガメ
リクガメ科《か》
甲長《こうちょう》（背中《せなか》の甲《こう》らの長《なが》さ）：40㎝
原産地《げんさんち》：マダガスカル

聞《き》いたことがない。

なお、こういった盗難事件《とうなんじけん》は、本来《ほんらい》は事件《じけん》の起《お》きた地域《ちいき》の警察《けいさつ》が捜査《そうさ》をするのだが、ぬすまれたのが世界的《せかいてき》にもめずらしい生《い》き物《もの》なので、生《い》きもの係《がかり》にも捜査《そうさ》のいらいがきたのである。

そのため、世田谷署《せたがやしょ》など三つの署《しょ》と生《い》きもの係《がかり》、それに盗難事件《とうなんじけん》が専門《せんもん》の警視庁刑《けいしちょうけい》事部《じぶ》捜査《そうさ》第《だい》三課《か》がくわわり、いっしょに捜査《そうさ》をすることになった。

福原警部補《ふくはらけいぶほ》が動物園《どうぶつえん》へ行《い》くと、犯人《はんにん》はおどろくべき特技《とくぎ》を持《も》つことがわかった。

「このドアをこわした？　すごい怪力《かいりき》だなあ。」

爬虫類館《はちゅうるいかん》のうらにある、スタッフ室《しつ》のドアだ。元《もと》は金属《きんぞく》のドアノブのついた、おして開《あ》ける木製《もくせい》のドアだったらしいが、すでに修理《しゅうり》され、新《あたら》しいドアになっている。

「そうなんです！　力《ちから》まかせにけやぶって、無理《むり》やり取《と》りはずしたようです。」

この爬虫類館《はちゅうるいかん》でヘビやカメ、トカゲなどの飼育《しいく》を担当《たんとう》している植木《うえき》さんは、話《はな》しながら両手《りょうて》のこぶしをぎゅっとにぎりしめた。

たとえ木製《もくせい》のドアだったとしても、道具《どうぐ》を使《つか》わず、短時間《たんじかん》で足《あし》でけってこわすなんてことがありえるのだろうか。

さまざまな犯人《はんにん》と向《む》き合《あ》ってきた福原警《ふくはらけい》部補《ぶほ》だったが、その力《ちから》の強《つよ》さには、さすがにおどろいた。犯人《はんにん》は、日《ひ》ごろからかなり体《からだ》をきたえているにちがいない。

「それで、じょうきょうは？」

福原警部補《ふくはらけいぶほ》の真《しん》けんな目《め》にこたえるように、植木《うえき》さんはゆっくりと次《つぎ》のように話《はな》しはじめた。

爬《は》虫《ちゅう》類《るい》館《かん》の飼《し》育《いく》員《いん》　植《うえ》木《き》さんの話《はなし》

　夕方《ゆうがた》の四時《じ》ごろだったと思《おも》います。いつものように、爬《は》虫《ちゅう》類《るい》館《かん》から少《すこ》しはなれた事《じ》務《む》所《しょ》で、作業《さぎょう》をしていました。

　スタッフ室《しつ》のかぎですか？　もちろんかけて行《い》きました！　あの部屋《へや》にはめずらしいカメやトカゲがいますから。

　でも作業《さぎょう》を終《お》え、最後《さいご》の点検《てんけん》のため爬《は》虫《ちゅう》類《るい》館《かん》へもどったら、スタッフ室《しつ》のドアがこわされていたんです！

　あわてて調《しら》べると、四ひきいたホウシャガメのなかで、もようのきれいなオスのホウシャガメ二ひきを、持《も》っていかれていました。密輸《みつゆ》*で見《み》つかって、ここに来《き》たカメたちです。こんなひどいことは、はじめてです！

　あせって、長《なが》ぐつをはいたまま近《ちか》くのＪＲ《ジェイアール》の駅《えき》まで走《はし》りました。わたしはまだ犯人《はんにん》が、駅《えき》にいるのではないかと思《おも》ってしまったのです。だから駅《えき》に着《つ》くと、大声《おおごえ》で駅員《えきいん》さんにいいました。

「カメがぬすまれたんです！　ホームをさがさせてください。」

「は、はい。いいですよ。」

駅員《えきいん》さんは、目《め》を丸《まる》くしていましたね。

ホームに電車《でんしゃ》がとまっていたので、とびこんでさがしました。乗客《じょうきゃく》がわたしのことをじろじろ見《み》ていましたが、まったく気《き》になりませんでした。無《む》我夢中《がむちゅう》でした。

二ひきのカメを入《い》れた、大《おお》きなふくろを持《も》った者《もの》はいないかと、見《み》てまわりました。でも、そんな人《ひと》はいません。

（もしかしたらべつの駅《えき》かもしれない。）

近《ちか》くにある、私鉄《してつ》の駅《えき》へも行《い》きました。でも、それらしき人《ひと》は見《み》つけられませんでした。動物園《どうぶつえん》への坂道《さかみち》をとぼとぼと歩《ある》いていると、少《すこ》しずつ冷静《れいせい》になりました。

＊密輸《みつゆ》…法律《ほうりつ》を守《まも》らず、こっそり国《くに》から出《だ》したり持《も》ちこんだりすること。

（あー、そうか。電車《でんしゃ》のわけがない。カメを持《も》ち去《さ》るんだ。車《くるま》で運《はこ》んだんだな。）

自分《じぶん》がどれだけあわてていたか、そのときになって気《き》がつきました。

とても大事《だいじ》なカメたちなんです！　どうかさがしだしてください。

その名《な》は、カメ窃盗団《せっとうだん》

事件《じけん》は、つづいた。

五月《がつ》には、東京都世田谷区《とうきょうとせたがやく》にある生《い》き物《もの》の研究所《けんきゅうじょ》で、ホウシャガメ三びきのほか、ブラウンキツネザルとワオキツネザルという、めずらしいサルが盗難《とうなん》にあった。

さらに六月《がつ》十二日《にち》には同《おな》じ地域《ちいき》にある、鳥《とり》や爬虫類《はちゅうるい》などをペットショップに売《う》る問屋《とんや》＊で、大量《たいりょう》のカメがぬすまれた。

ワオキツネザル
キツネザル科《か》
体長《たいちょう》：39〜46㎝
原産地《げんさんち》：マダガスカル

1 レッサーパンダ盗難事件

この問屋《とんや》では、二階《かい》でおよそ一千《せん》びきのカメを、種類《しゅるい》ごとに分《わ》けプラスチックケースに入《い》れて、飼《か》っていた。その中《なか》で一万《まん》から三万円《まんえん》ほどの高《たか》いカメばかり五種類《しゅるい》、それぞれほぼ半分《はんぶん》ずつがいなくなったのである。その数合《かずあ》わせて百《ひゃく》十四ひき。

問屋《とんや》の社長《しゃちょう》は、捜査《そうさ》に来《き》た世田谷署《せたがやしょ》の刑事《けいじ》に、いかりをあらわにした。

「半分《はんぶん》ずつなら、どろぼうをしても気《き》がつかないとでも思《おも》ったのかしら！」

「げんかんのかぎを特殊《とくしゅ》な技術《ぎじゅつ》で開《あ》けていますね。それに高《たか》いカメばかりをえらんでいるので、カメに相当《そうとう》くわしい者《もの》もいるようです。」

これだけのカメを運《はこ》びだすのである。ひとりで行《おこな》った犯行《はんこう》ではないと、世田谷署《せたがやしょ》はにらんだ。

新聞《しんぶん》やテレビは犯人《はんにん》たちを、「カメ窃盗団《せっとうだん》」とよんだ。

つづけて六月《がつ》十九日《にち》には、神奈川県川崎市《かながわけんかわさきし》にある動物園《どうぶつえん》からエジプトリクガメが消《き》えていた。

福原警部補《ふくはらけいぶほ》は、捜査《そうさ》に行《い》って目《め》を丸《まる》くした。

＊問屋《とんや》…物《もの》を買《か》いいれて、べつの小売店《こうりてん》などに売《う》る店《みせ》。

「ほんとうに、これを自分《じぶん》の手《て》で、外《はず》したんですか！」

なんと鉄格子《てつごうし》の入《はい》ったまどわくが、バリバリと引《ひ》きはがされ、こわされていたのである。横浜市《よこはまし》の動物園《どうぶつえん》のときと同《おな》じだった。

「力《ちから》の強《つよ》い怪力男《かいりきおとこ》が窃盗団《せっとうだん》にいるのはまちがいないな……。」

この事件《じけん》の直後《ちょくご》の六月二十日《がつはつか》、カメ窃盗団《せっとうだん》は調子《ちょうし》に乗《の》ったのか、動物園《どうぶつえん》の人気者《にんきもの》に手《て》を出《だ》した。それが、千葉県《ちばけん》の動物園《どうぶつえん》にいた、めずらしいサルのワタボウシタマリンと、レッサーパンダの盗難事件《とうなんじけん》である。

ひがいを報道《ほうどう》する記事《きじ》を見《み》た福原警部補《ふくはらけいぶほ》は、く

ワタボウシタマリン

キヌザル科《か》
体長《たいちょう》：20～29㎝
原産地《げんさんち》：南《みなみ》アメリカ北部《ほくぶ》

ちびるをかみしめた。

（レッサーパンダやワタボウシタマリンを持《も》っていくなんて、カメ以外《いがい》の生《い》き物《もの》にもくわしいやつだな。もう二れ以上《いじょう》ゆるしてはおけない。）

そこで先《せん》ぱいの刑事《けいじ》とともに、十月《がつ》、動物園《どうぶつえん》へ捜査《そうさ》に向《む》かった。

動物園《どうぶつえん》は、なだらかな丘《おか》を利用《りよう》して作《つく》られている。モルモットやウサギとふれあえる広場《ひろば》もあり、子《こ》どもたちに人気《にんき》の場所《ばしょ》だ。

福原警部補《ふくはらけいぶほ》は、園《えん》の門《もん》をくぐるとふっと事件《じけん》をわすれ、気分《きぶん》が和《なご》んだ。しかしすぐに気《き》を引《ひ》きしめると、管理事務所《かんりじむしょ》へ行《い》き捜査《そうさ》に来《き》たことをつげた。

十分《ぷん》ほど待《ま》っていると、レッサーパンダを担当《たんとう》している、わかい飼育員《しいくいん》の水野《みずの》さんが、小走《こばし》りでやってきた。

「調《しら》べに来《き》てくれたんですね。」

水野《みずの》さんは、息《いき》を整《ととの》えながらいった。

「ああ。たいへんだったね。じょうきょうをくわしく教《おし》えてくれるかい？」

「はい、えーと。」

思《おも》い出《だ》すのがつらいのか、水野《みずの》さんは少《すこ》しうつむいた。一《いっ》しゅん口《くち》をつぐんだが、すっと顔《かお》を上《あ》げると、せきを切《き》ったように話《はな》しだした。

レッサーパンダの飼育員《しいくいん》 水野《みずの》さんの話《はなし》

六月《がつ》二十日《はつか》、夜中《よなか》の二時《じ》ごろだった気《き》がします。

いきなり携帯《けいたい》が鳴《な》って、とび起《お》きました。画面《がめん》を見《み》ると、獣医《じゅうい》の河村《かわむら》さんからです。

（こんな時間《じかん》に。動物《どうぶつ》たちに何《なに》かあったな。）

以前《いぜん》に、担当《たんとう》していたオランウータンの部屋《へや》のだんぼうが切《き》れてしまい、とんでいったこともありました。

携帯《けいたい》に出《で》ると、河村《かわむら》さんのあせった声《こえ》がしました。

「サル舎《しゃ》のうらの部屋《へや》のガラスが、わられた。警備会社《けいびがいしゃ》の人《ひと》かられんらくがあって、ぼくも今園《いまえん》に着《つ》いたところなんだ。水野《みずの》さんにもすぐ来《き》てほしいんだ。」

「えっ、そんなことが！　すぐに行《い》きます。」

サル舎《しゃ》のうらの部屋《へや》はスタッフ専用《せんよう》で、めずらしいアカテタマリンや、ワタボウシタマリンというサルが数《すう》ひきいます。

ぼくは車《くるま》で、園《えん》へ急《いそ》ぎました。

（どうしてサル舎《しゃ》が？　何事《なにごと》もないといいんだが。）

心配《しんぱい》でたまりませんでした。

園《えん》に着《つ》くと、近《ちか》くの交番《こうばん》の警察官《けいさつかん》と、警備員《けいびいん》が来《き》ていました。サル舎《しゃ》を担当《たんとう》している飼育員《しいくいん》には、うまくれんらくがつかなかったようです。

「河村《かわむら》さん。どうですか？」

「見《み》てくれ。ここから入《はい》ったようだ。」

スタッフの部屋《へや》のまどガラスのかぎの近《ちか》くが、うでが入《はい》るぐらいの大《おお》きさでわられていました。われたあなから手《て》を入《い》れて、中《なか》のかぎを開《あ》けたようです。

そこにはたくさんのケージがあり、サルが一ぴきずつ入《はい》っています。でもぼくたちは担当者《たんとうしゃ》ではないので、そこにどんなサルが何《なん》びきいたか、よく知《し》りませんでした。

「うーん。サルたちにいじょうはないよな。」

「そうですね。みんないると思《おも》います。」

ぼくたちは、そうはんだんし、帰《かえ》りました。

その後朝《ごあさ》の八時《じ》に、いつものように園《えん》へ行《い》きました。すると、

「あれっ、またパトカーが来《き》ているぞ。今度《こんど》はなんだ?」

あわてて走《はし》っていくと、サル舎《しゃ》の前《まえ》に人《ひと》が集《あつ》まっていました。サル舎《しゃ》の担当《たんとう》の飼育《しいく》員《いん》が、警察官《けいさつかん》に説明《せつめい》しています。朝来《あさき》てかくにんしたら、ワタボウシタマリンの「サンタ」がいなかったというのです。それで、警察《けいさつ》にれんらくしたということでした。

(サンタはどこへ行《い》ってしまったのだろう。)

ぼくは、サル舎《しゃ》の担当《たんとう》の飼育員《しいくいん》の気持《きも》ちを考《かんが》えると、いたたまれませんでした。

ところが、調《しら》べが一段落《いちだんらく》して警察官《けいさつかん》が帰《かえ》ってから、いざ自分《じぶん》が担当《たんとう》しているパンダ

舎《しゃ》へ行《い》って、気《き》をうしないそうになりました。

五ひきいるレッサーパンダのうち、オスの天天《てんてん》がどこをさがしてもいないんです。

「あっ、こんなところにあなが！」

なんとおりの金《かな》あみが一部《いちぶ》、天天《てんてん》を取《と》りだせるぐらいの大《おお》きさで、切《き》りとられていたんです。金《かな》あみっていっても、かなりがんじょうで、強《つよ》い力《ちから》と道具《どうぐ》がなければ、切《き》りとるなんてことはできないと思《おも》うんですけど。

ぼくは転《ころ》がるように走《はし》って、園長《えんちょう》と河村《かわむら》さんに知《し》らせました。それでまた警察官《けいさつかん》に来《き》てもらいました。一日《にち》のうち、三回《かい》も警察《けいさつ》をよんだんです。

あのときほど、つらかったことはありません。生《い》きた心地《ここち》がしませんでした。それから考《かんが》えるのは、天天《てんてん》のことばかり。もしかしたら、はく製《せい》にされてしまっているのでは、とか。毛皮《けがわ》にされてしまったのではないか、とか……。

生《い》き物《もの》は、何《なに》もいえない

うっすらと、なみだをうかべる水野《みずの》さんの背中《せなか》を、福原警部補《ふくはらけいぶほ》はいたわるようにさすった。その手《て》の温《あたた》かさがつたわったのか、水野《みずの》さんが、ふうっとため息《いき》をついた。

福原警部補《ふくはらけいぶほ》は、話題《わだい》をかえた。

「レッサーパンダは、夜行性《やこうせい》だよね。」

「はい。でもほんとうは薄明薄暮性《はくめいはくぼせい》といって、真夜中《まよなか》はねむり、暗《くら》くなってからの数《すう》時間《じかん》と明《あ》け方《がた》、うろうろしています。そんなときをねらったのかもしれません。」

「なるほど。」

福原警部補《ふくはらけいぶほ》はメモを取《と》りおえると、じっと考《かんが》えこんだ。

「ところで、ここのレッサーパンダたちは、主《おも》に何《なに》を食《た》べているの?」

「タケの葉《は》です。園《えん》の中《なか》に生《は》えているタケの葉《は》を毎日《まいにち》とってきて、食《た》べさせています。

だから、食費《しょくひ》がかからなくて助《たす》かります。」

「それはいいね。天天《てんてん》が産《う》まれたときは、うれしかっただろう。」

「はい。自分《じぶん》の子《こ》どもが産《う》まれたような気《き》がしました。」

「うん。うん。うちでも熱帯魚《ねったいぎょ》を飼《か》っているけど、卵《たまご》がかえると、そりゃうれしいもんなあ。」

福原警部補《ふくはらけいぶほ》がにこにこしながらうなずくと、水野《みずの》さんの顔《かお》が少《すこ》し明《あか》るくなった。

(この警部補《けいぶほ》さん、動物《どうぶつ》ずきなのかな。なんだか自分《じぶん》と同《おな》じにおいがする。)

水野《みずの》さんは、心《こころ》のなかでそう思《おも》った。

捜査《そうさ》を終《お》えると福原警部補《ふくはらけいぶほ》は、ねんのため園《えん》の中《なか》をゆっくり見《み》てまわった。

そのすがたは捜査《そうさ》というより、生《い》き物《もの》たちとの出会《であ》いを心《こころ》の底《そこ》から楽《たの》しんでいるようにもみえた。

(なんてやさしい刑事《けいじ》さんなんだろう。テレビドラマに出《で》てくる刑事《けいじ》さんみたいだ。この人《ひと》なら天天《てんてん》を見《み》つけてくれるかもしれない。)

水野《みずの》さんはいのるような気持《きも》ちで、「福原秀一郎《ふくはらしゅういちろう》」と書《か》かれた名刺《めいし》を、引《ひ》き出《だ》しにしまった。

事件《じけん》は、だれがどんな目的《もくてき》で起《お》こしたのか、なかなかつかめなかった。

福原警部補《ふくはらけいぶほ》は、苦《にが》にがしい思《おも》いでつぶやいた。

「生《い》き物《もの》は、何《なに》もいえないからなあ。人間《にんげん》にひどい目《め》にあわされても、助《たす》けもよべず、命《いのち》と引《ひ》きかえにうったえるしかないんだ。」

早《はや》く解決《かいけつ》しなければ、事件《じけん》がふえるばかりだと感《かん》じた。

犯人《はんにん》はつかまらないのをいいことに、六月《がつ》二十四日《か》には、埼玉県《さいたまけん》の動物園《どうぶつえん》からミナミクモノスガメとインドホシガメを、昼間《ひるま》にどうどうと持《も》っていった。

ところが数日後《すうじつご》、生《い》きもの係《がかり》に、有力《ゆうりょく》な情報《じょうほう》がよせられた。

知《し》らせてきたのは、カメをぬすまれたばかりの埼玉県《さいたまけん》の動物園職員《どうぶつえんしょくいん》だった。

埼玉県《さいたまけん》の動物園職員《どうぶつえんしょくいん》の話《はなし》

ほんとうにおどろきました！

何《なに》かぬすまれたカメの情報《じょうほう》はないかと、インターネットを見《み》ていたときです。

なんと、あるサイトで、ミナミクモノスガメが、売《う》りに出《だ》されているではありませんか。あわてて、カメの飼育員《しいくいん》をよんで、保存《ほぞん》していたうちのカメの写真《しゃしん》と見《み》くらべました。

カメの甲《こう》らは、背中側《せなかがわ》にある背甲《はいこう》とおなか側《がわ》にある腹甲《ふくこう》の二《ふた》つでできています。ミナミクモノスガメの腹甲《ふくこう》には、まだらもようがあって、一ぴき

ずつちがいます。そのもようが、うちのカメとまったく同《おな》じだったんですよ。

ぼくたちは、同時《どうじ》にさけんでいました。

「こいつが犯人《はんにん》だ！」

事件《じけん》が動《うご》いた！

この情報《じょうほう》で生《い》きもの係《がかり》は、にわかに活気《かっき》づいた。

「インターネットを使《つか》って、ペットとして個人《こじん》に売《う》ろうとしているんだ。」

福原警部補《ふくはらけいぶほ》は、インターネットを利用《りよう》したその犯罪《はんざい》に、おどろきをかくせなかった。

当時《とうじ》、インターネットを使《つか》って、動物《どうぶつ》を売《う》り買《か》いした事件《じけん》は、ほんのわずかしかなかったからだ。

しかしこのころすでに、パソコンや携帯電話《けいたいでんわ》は世《よ》の中《なか》に広《ひろ》がりはじめていた。顔《かお》を見《み》られずにすむ犯罪《はんざい》が起《お》こるのは、当《あ》たり前《まえ》のことだったのだ。

1 レッサーパンダ盗難事件

しばらくして、事件《じけん》はふたたび大《おお》きく動《うご》いた。

東京《とうきょう》の世田谷署《せたがやしょ》から、しょうげき的《てき》な情報《じょうほう》が入《はい》ってきたのである。

「関西地方《かんさいちほう》のペットショップの経営者《けいえいしゃ》からです。『関西《かんさい》のある業者《ぎょうしゃ》からキツネザルを買《か》ったんだけど、これは東京《とうきょう》でぬすまれたものじゃないかと思《おも》うので、調《しら》べてほしい』といってきています。」

「えっ、ほんとうですか？」

盗難事件《とうなんじけん》のニュースを知《し》ったペットショップの経営者《けいえいしゃ》が、こわくなって正直《しょうじき》に名乗《なの》りでてきたのである。登録《とうろく》されていない希少動物《きしょうどうぶつ》を知《し》らずに買《か》うと、罪《つみ》にはならないが、記録《きろく》がのこる。

「そのキツネザルの遺伝子《いでんし》＊の鑑定《かんてい》＊がひつようですね。」

福原警部補《ふくはらけいぶほ》がていあんしたのは、ぬすまれたサルにまちがいないか、科学的《かがくてき》にたしかめることだった。

鑑定《かんてい》のけっか、れんらくがあったキツネザルは、研究所《けんきゅうじょ》からつれさられたキツネザ

＊遺伝子《いでんし》…親《おや》のどのような形《かたち》や性質《せいしつ》が子《こ》へつたわるのかを決《き》める物質《ぶっしつ》。
＊鑑定《かんてい》…本物《ほんもの》かどうかを、調《しら》べて見分《みわ》けること。

ルだとわかった。関西《かんさい》の業者《ぎょうしゃ》から買《か》ったことも、ペットショップの経営者《けいえいしゃ》がいうとおりだった。

ついに逮捕《たいほ》されたカメ窃盗団《せっとうだん》

捜査《そうさ》は、さらにつづけられた。

「オークションの管理者《かんりしゃ》にパソコンの記録《きろく》をもらいましょう。」

福原警部補《ふくはらけいぶほ》はインターネットを使《つか》って売《う》ったのだから、パソコンの操作《そうさ》の記録《きろく》を調《しら》べれば犯人《はんにん》にたどりつけるのではないかと、考《かんが》えたのである。

「そんな方法《ほうほう》があるのか?」

上司《じょうし》はおどろいていたが、福原警部補《ふくはらけいぶほ》はパソコンをだれよりも早《はや》く捜査《そうさ》に取《と》り入《い》れるなど、新《あたら》しい機械《きかい》に対《たい》してとても積極的《せっきょくてき》だった。

そして、インターネットの記録《きろく》から、ついに窃盗団《せっとうだん》たちは逮捕《たいほ》された。

1 レッサーパンダ盗難事件

この事件《じけん》は、怪力男《かいりきおとこ》が二、三人《にん》の仲間《なかま》を集《あつ》め、行《おこな》ったものだった。その中《なか》にはかぎ開《あ》けの名人《めいじん》もいた。まちがいなく窃盗団《せっとうだん》だった。

だが、福原警部補《ふくはらけいぶほ》と、同年代《どうねんだい》の保田警部補《やすだけいぶほ》の取《と》り調《しら》べ*で、怪力男《かいりきおとこ》はだんことして罪《つみ》をみとめなかった。

「お前《まえ》がやったんだろう！」

強面《こわもて》の保田警部補《やすだけいぶほ》がにらみをきかせると、怪力男《かいりきおとこ》は、ますます反発《はんぱつ》した。

「ちがう！　やっていないよ。」

福原警部補《ふくはらけいぶほ》は、ぐっと口《くち》をむすんで考《かんが》えた。

（強情《ごうじょう》なやつだなあ。やっていないわけないんだが。細《ほそ》くて怪力《かいりき》があるようにはとても見《み》えないけど、シャツの下《した》は、筋肉《きんにく》がすごいのかな。でも、決《けっ》して生《い》き物《もの》をきずつけるようなことはしていないんだよな。）

そう思《おも》ったとたん、あることに気《き》がついた。

「お前《まえ》、生《い》き物《もの》が大《だい》すきなんだろう。大事《だいじ》に思《おも》っているんだよな。だからわれわれも捜査《そうさ》しながらしんじていたよ。カメもサルもみんな絶対《ぜったい》に大切《たいせつ》にされ、生《い》きているっ

*取《と》り調《しら》べ…犯人《はんにん》やそのうたがいのある者《もの》を、くわしく調《しら》べること。

てな。」

福原警部補《ふくはらけいぶほ》は、怪力男《かいりきおとこ》にいいきかせた。

保田警部補《やすだけいぶほ》も、おだやかな目《め》になり、大《おお》きくうなずいた。

取《と》り調《しら》べ室《しつ》にしずかな時間《じかん》が流《なが》れ、やがて怪力男《かいりきおとこ》が、がくりとかたを落《お》とした。

「しかたない。全部話《ぜんぶはな》すよ。」

福原警部補《ふくはらけいぶほ》のことばに、ついに心《こころ》を開《ひら》いたのだった。

怪力男《かいりきおとこ》の告白《こくはく》により、窃盗団《せっとうだん》の手口《てぐち》がだんだんとわかってきた。

まずは、目《め》をつけた動物園《どうぶつえん》や研究所《けんきゅうじょ》に下見《したみ》に行《い》き、どこからしのびこめるか調《しら》べる。じっさいに動物《どうぶつ》をつれさるときは、すぐににげられるように見《み》はり役《やく》をたてた。

怪力男《かいりきおとこ》は建設関係《けんせつかんけい》の仕事《しごと》、とくに鉄筋《てっきん》を加工《かこう》する仕事《しごと》をしていた。だから、なみはずれた力《ちから》があったのだ。おまけに太《ふと》い鉄格子《てつごうし》を外《はず》す方法《ほうほう》も、よく知《し》っていた。

「そうか。それで、川崎市《かわさきし》の動物園《どうぶつえん》のまどわくを引《ひ》きはがすことができたんだな。」

福原警部補《ふくはらけいぶほ》は、なっとくしたようにうなずいた。

レッサーパンダの天天《てんてん》のいるおりの金《かな》あみも同《おな》じように、道具《どうぐ》を使《つか》ってやぶっていた。天天《てんてん》がねむりからさめた直後《ちょくご》、あみですくいあげてふくろに入《い》れ、持《も》ちさったのだという。動物《どうぶつ》たちは、すぐにインターネットで売《う》られていた。そして、窃盗団《せっとうだん》のレッサーパンダの売《う》り広告《こうこく》を見《み》た、ある動物《どうぶつ》の業者《ぎょうしゃ》が買《か》い、すぐにまたインターネットで、天天《てんてん》の新《あら》たな買《か》い手《て》をさがしたこともわかった。

おどろくべきことに、以前《いぜん》からインターネットには、希少動物《きしょうどうぶつ》をほしがる書《か》きこみがたくさんあったのである。怪力男《かいりきおとこ》はそこに目《め》をつけ、犯行《はんこう》を思《おも》いついたのだった。

「あのレッサーパンダは、生《い》きているのか？」

怪力男《かいりきおとこ》が不安《ふあん》そうに、福原警部補《ふくはらけいぶほ》の顔《かお》を見《み》てたずねた。

「ああ、安心《あんしん》しろ。サイトを見《み》た秋田県《あきたけん》の男性《だんせい》が四百万円《ひゃくまんえん》ほどで買《か》ったそうだ。自分《じぶん》の家《いえ》で飼《か》っていることが、わかっているよ。」

そのことを知《し》ると怪力男《かいりきおとこ》の目《め》が、少《すこ》しやさしくなったようにみえた。

天天《てんてん》が生《い》きていたとわかったことは、この上《うえ》もないよろこびだった。

「千葉県《ちばけん》の動物園《どうぶつえん》に、レッサーパンダが見《み》つかったことを知《し》らせてくれ。」

レッサーパンダの飼育員《しいくいん》、水野《みずの》さんがよろこぶ顔《かお》が、福原警部補《ふくはらけいぶほ》の目《め》にうかんだ。

(急《いそ》がなければ。このしゅん間《かん》にも、天天《てんてん》が命《いのち》を落《お》とすことがあってはいけない。)

福原警部補《ふくはらけいぶほ》は、大切《たいせつ》な命《いのち》であり、犯罪《はんざい》の証拠《しょうこ》でもある天天《てんてん》を、生《い》きてつれもどすために、秋田県《あきたけん》へ急《いそ》いだ。

生《い》きもの係《がかり》、秋田県《あきたけん》へ

十月二十一日《がつにち》。福原警部補《ふくはらけいぶほ》は、ほかの刑事《けいじ》と二人《ふたり》で秋田駅《あきたえき》におりたった。天天《てんてん》をつれて帰《かえ》るためのケージをかかえている。

秋田《あきた》の空《そら》は少《すこ》しくもっていたが、風《かぜ》は秋《あき》らしくさわやかだった。

男《おとこ》の自宅《じたく》は、しずかな住宅街《じゅうたくがい》の中《なか》にあった。かわら屋根《やね》の大《おお》きな古《ふる》い家《いえ》だ。近《ちか》くまで来《く》ると、刑事《けいじ》が大《おお》きな声《こえ》を上《あ》げた。

「あっ！　あそこにいますよ。」

福原警部補《ふくはらけいぶほ》も、目《め》を見《み》はった。

「ほんとうだ！　立《た》ちあがって、こっちを見《み》ている。」

レッサーパンダのすがたが、二階《かい》のまどごしにはっきり見《み》えたのだ。目《め》を細《ほそ》め、まるでひなたぼっこでもするかのように、空《そら》をながめている。そのかわいらしさに思《おも》わずほほえんでしまったが、もちろん男《おとこ》をゆるすわけにはいかない。

「よし、ふみこもう！」

チャイムを鳴《な》らすと出《で》てきたのは、五十才《さい》すぎの女性《じょせい》で、男《おとこ》の母親《ははおや》だった。事情《じじょう》を説明《せつめい》すると、二階《かい》の男《おとこ》の部屋《へや》へ案内《あんない》してくれた。

部屋《へや》のドアをノックすると、カサカサとつめでドアを引《ひ》っかくような音《おと》がする。福《ふく》原警部補《はらけいぶほ》がドアを開《あ》けると、一ぴきのアライグマがいた。男《おとこ》のペットのようだ。そしてその後《うし》ろから、男《おとこ》が出《で》てきた。

「警視庁《けいしちょう》から来《き》た。レッサーパンダを飼《か》っているだろう?」

令状《れいじょう》*を見《み》せると、男《おとこ》はうなだれ、体《からだ》をちぢこまらせた。

「はい、たしかにいます……。」

福原警部補《ふくはらけいぶほ》は男《おとこ》のがっかりした様子《ようす》から、天天《てんてん》をとても大切《たいせつ》にしていたのでは、と思《おも》った。お金《かね》もうけのために、天天《てんてん》を買《か》ったのではない、と。

「レッサーパンダがすきなのはわかるけど、売《う》り買《か》いは法律《ほうりつ》で禁止《きんし》されているんだよ。君《きみ》が飼《か》っているレッサーパンダは、動物園《どうぶつえん》からつれだされたものだ。警察《けいさつ》が来《く》るのも、かくごしていたんじゃないのかい?」

福原警部補《ふくはらけいぶほ》のおだやかな問《と》いかけに、男《おとこ》はだまっていた。

しかし、やがて決心《けっしん》がついたのだろう。あきらめた様子《ようす》で顔《かお》を上《あ》げた。

「申《もう》しわけありませんでした。どうぞ入《はい》ってください。」

足《あし》をふみ入《い》れて、福原警部補《ふくはらけいぶほ》たちは思《おも》わず声《こえ》を上《あ》げた。

「ほう、これはすごい！」

罪《つみ》をにくんで人《ひと》をにくまず

男《おとこ》はまどぎわの日当《ひあ》たりのいい場所《ばしょ》にササを何本《なんほん》もおき、天天《てんてん》がかいてきにすごせるようにしていたのだ。まどべには、おやつのリンゴがならんでいる。

天天《てんてん》はいきなり知《し》らない人間《にんげん》たちがあらわれて、おどろいたのだろう。部屋《へや》のすみへにげると、ウーとうなり声《ごえ》を上《あ》げた。

（こわがっているな。でも無事《ぶじ》でよかった。）

福原警部補《ふくはらけいぶほ》は深《ふか》く考《かんが》えずに天天《てんてん》に近《ちか》づいて、自分《じぶん》でつかまえようとした。レッサーパンダのあいらしいすがたから、かんたんにつかまえられると思《おも》ったのである。

ところが、

「フーッ、ウウウウッ。」

＊令状《れいじょう》…裁判所《さいばんしょ》または裁判官《さいばんかん》が発行《はっこう》する、逮捕《たいほ》や捜索《そうさ》の命令《めいれい》が記《しる》された書類《しょるい》。

「うわっ、いたい！」

天天《てんてん》は、するどいつめで福原警部補《ふくはらけいぶほ》の手《て》を引《ひ》っかいた。

「やっぱり野生《やせい》の動物《どうぶつ》だな。だれかつかまえてくれる人《ひと》に来《き》てもらおう。」

そこで天天《てんてん》のいた千葉県《ちばけん》の動物園《どうぶつえん》に電話《でんわ》をかけ、秋田《あきた》県《けん》の動物園《どうぶつえん》にれんらくしてもらった。するとすぐに獣医《じゅうい》と飼育員《しいくいん》が、とんできてくれた。

「いやあ、刑事《けいじ》さん。つれさられたレッサーパンダを、よく見《み》つけましたね。」

「ふつうの家《いえ》で飼《か》われていたとは、われわれもおどろきです。つかまえようとしたら、引《ひ》っかかれてしまって。」

「それはさいなんでしたね。そのまま手《て》でつかむのは、

あぶないですよ。」

獣医《じゅうい》は天天《てんてん》をあみでひょいっとすくいあげ、あっさりケージに入《い》れてくれた。日《ひ》がくれかけていたので、この日《ひ》は天天《てんてん》を秋田県《あきたけん》の動物園《どうぶつえん》で一《ひと》ばん、あずかってもらうことになった。

翌朝《よくあさ》、秋田県《あきたけん》の動物園《どうぶつえん》に、千葉県《ちばけん》から水野《みずの》さんがやってきた。天天《てんてん》にまちがいないか、かくにんするために来《き》てもらったのだった。

「ああ、ほんとうに生《い》きていた。天天《てんてん》！」

水野《みずの》さんはケージに、かけよった。

そのとたん天天《てんてん》が、すっと立《た》ちあがった。水野《みずの》さんの声《こえ》とすがたに反応《はんのう》したのである。もしかしたら、いつもえさをくれる人《ひと》が来《き》たと思《おも》っただけかもしれない。

しかし福原警部補《ふくはらけいぶほ》には、天天《てんてん》も水野《みずの》さんとの再会《さいかい》をよろこんでいるようにみえた。

水野《みずの》さんは、うれしくて今《いま》にもとびはねそうないきおいだ。

「ぬすまれたレッサーパンダに、まちがいないね。」

「はい、この子《こ》は、うちの天天《てんてん》です！」

レッサーパンダはよく見《み》ると、顔《かお》や耳《みみ》の形《かたち》、白《しろ》い毛《け》の部分《ぶぶん》の配置《はいち》などが、一ぴきずつちがう。それは、ふつうの人《ひと》ではなかなか見分《みわ》けがつきにくい。でも毎日《まいにち》、わが子《こ》のようにかわいがり、世話《せわ》をしている水野《みずの》さんには、見分《みわ》けがついたのである。

「元気《げんき》で見《み》つけてくれてほんとうにありがとうございます。この四か月間《げつかん》、かたときもわすれたことはありませんでした。」

「そうだろうね。つらかったね。」

「ころされたのではと、思《おも》っていました。どんなにこわい思《おも》いをしたかと思《おも》うと、天《てん》天《てん》がかわいそうでたまらなくて……。」

水野《みずの》さんは、目《め》をうるませた。

「もうだいじょうぶだよ。よかった、よかった。」

「はい。でも、こんなに毛《け》のつやもよくて、どうやって飼《か》っていたのでしょう。ぼくは、苦労《くろう》して飼育《しいく》しているから、ちょっとやけますねえ。」

「はは、やきもちか。きっとレッサーパンダが大《だい》すきで、大事《だいじ》にしていたんだよ。でも飼育《しいく》をした経験《けいけん》はないのだから、このまま飼《か》いつづけていたら、どうなっていたかわからないよ。」

「そうですね。でも、こんなにかわいがってくれて、ぼくは、飼《か》っていた人《ひと》をにくむ気《き》にはなれません。」

「そうか。罪《つみ》をにくんで人《ひと》をにくまず、だね。自分《じぶん》も同《おな》じ思《おも》いで、いつも捜査《そうさ》に当《あ》たっているよ。」

帰《かえ》りの新幹線《しんかんせん》の中《なか》で水野《みずの》さんは、何度《なんど》もケージをのぞきこんでいた。

（生《い》きているじょうたいで見《み》つけることができて、よかったなあ。）

福原警部補《ふくはらけいぶほ》のむねに、満足感《まんぞくかん》がこみあげていた。

千葉県《ちばけん》にもどった天天《てんてん》は、健康上《けんこうじょう》の問題《もんだい》もなく、おとずれる人《ひと》たちにあいらしいすがたを見《み》せることができるようになった。

ワタボウシタマリンのサンタも同《おな》じころ、べつの場所《ばしょ》で発見《はっけん》され、無事《ぶじ》、園《えん》にもどった。

事件後《じけんご》、二度《ど》と同《おな》じことがないように、動物園《どうぶつえん》の警備《けいび》はさらに強化《きょうか》された。

怪力男《かいりきおとこ》の話《はなし》をもとに捜査《そうさ》を進《すす》めると、レッサーパンダやワタボウシタマリン以外《いがい》の動物《どうぶつ》たちのゆくえもわかった。

横浜市《よこはまし》の動物園《どうぶつえん》からぬすまれたホウシャガメは、何人《なんにん》もの業者《ぎょうしゃ》の手《て》をへた後《あと》、ひとりの大学生《だいがくせい》が飼《か》っていた。二ひきを四十八万円《まんえん》で買《か》ったのだという。この大学生《だいがくせい》もつかまった。

二ひきのホウシャガメは、無事《ぶじ》に植木《うえき》さんの元《もと》へ帰《かえ》ってきたのだ。

「ああ、生《い》きていたんだ！」

植木《うえき》さんはカメを見《み》ると、とびついた。甲《こう》らをいとおしそうに何度《なんど》もさすると、すぐに健康《けんこう》のため湯《ゆ》につからせた。

「カメもよろこんでいるようだ。よかった、よかった。」

福原警部補《ふくはらけいぶほ》も、口《くち》ぐせの「よかった」を何度《なんど》もいいながら、こぼれんばかりのえみをうかべた。

しかし、売《う》り買《か》いされているとちゅうで、ひどいあつかいを受《う》け、死《し》んでしまった動物《どうぶつ》もいた。

研究所《けんきゅうじょ》からつれだされたキツネザルのなかには、母《はは》ザルと子《こ》ザル二ひきがいた。母《はは》ザルは無事《ぶじ》もどったが、子《こ》ザル一ぴきは命《いのち》を落《お》とした。二ひき目《め》の子《こ》ザルはもどったが弱《よわ》っていて、間《ま》もなく一ぴき目《め》の後《あと》を追《お》った。

川崎市《かわさきし》の動物園《どうぶつえん》のエジプトリクガメも、動物業者《どうぶつぎょうしゃ》がうまく飼育《しいく》できず、死《し》んでしまった。しかも業者《ぎょうしゃ》はそのカメを、道路《どうろ》の植《う》えこみにすててしまったのである。

「ああ、なんてひどいことをするんだ……。」

福原警部補《ふくはらけいぶほ》は、ひどいあつかいを受《う》ける生《い》き物《もの》たちの気持《きも》ちを思《おも》うと、身《み》を切《き》られるようにつらく、深《ふか》い悲《かな》しみにしずんだ。

希少動物《きしょうどうぶつ》たちは、「めずらしい、世界《せかい》で○○ひきしかいない」といわれる。そのために、それをほしがる人《ひと》たちのターゲットになり、売《う》り買《か》いがくり返《かえ》し行《おこな》われる。この事件《じけん》では、全部《ぜんぶ》で一千万円《せんまんえん》にのぼるお金《かね》が動《うご》いたのだった。

生《い》きもの係《がかり》メモ

生《い》き物《もの》を守《まも》る法律《ほうりつ》

地球上《ちきゅうじょう》には、さまざまな生《い》き物《もの》がいます。そうした生《い》き物《もの》たちを、人間《にんげん》の都合《つごう》で絶滅《ぜつめつ》させてはいけません。そのために、世界《せかい》や日本には、生《い》き物《もの》を守《まも》る法律《ほうりつ》があります。

●ワシントン条約《じょうやく》

正式《せいしき》な名前《なまえ》は、「絶滅《ぜつめつ》のおそれのある野生《やせい》動植物《どうしょくぶつ》の種《しゅ》の国際取引《こくさいとりひき》に関《かん》する条約《じょうやく》」。希《き》少《しょう》な生《い》き物《もの》や、生《い》き物《もの》から作《つく》った製品《せいひん》を、国《くに》をこえて取《と》り引《ひ》きすることを規制《きせい》するために世《せ》界共通《かいきょうつう》でつくられた法律《ほうりつ》。日本は1980年《ねん》から参加《さんか》している。

●種《しゅ》の保存法《ほぞんほう》

正式《せいしき》な名前《なまえ》は「絶滅《ぜつめつ》のおそれのある野生動《やせいどう》植物《しょくぶつ》の種《しゅ》の保存《ほぞん》に関《かん》する法律《ほうりつ》」。ワシントン条約《じょうやく》とれんけいして、1992年《ねん》に日本でつくられた法律《ほうりつ》。希少《きしょう》な生《い》き物《もの》をつかまえたり、受《う》けわたしすることを禁止《きんし》している。

●動物愛護法《どうぶつあいごほう》

正式《せいしき》な名前《なまえ》は「動物《どうぶつ》の愛護及《あいごおよ》び管理《かんり》に関《かん》する法律《ほうりつ》」。人《ひと》や動物《どうぶつ》の命《いのち》を守《まも》るために、動物《どうぶつ》の正《ただ》しいあつかい方《かた》や、動物《どうぶつ》への虐待《ぎゃくたい》の禁止《きんし》などについて定《さだ》めた法律《ほうりつ》。

ファイル 2

カメ・ワニ大《たい》量《りょう》密《みつ》輸《ゆ》事《じ》件《けん》

関西《かんさい》の密輸《みつゆ》グループを追《お》え！

ファイル1の盗難事件《とうなんじけん》は、二〇〇四年《ねん》に思《おも》わぬ展開《てんかい》をみせた。キツネザルを買《か》ったペットショップの経営者《けいえいしゃ》から、べつの情報《じょうほう》をきくことができたのである。世界的《せかいてき》にめずらしいカメ、ヘサキリクガメの売《う》り買《か》いをしようとしている者《もの》が関西《かんさい》にいるという。

「たいへんだ！　すぐ関西《かんさい》へ捜査《そうさ》に行《い》こう。」

福原警部補《ふくはらけいぶほ》は出張《しゅっちょう》の許可《きょか》をねがいでたが、なかなか許可《きょか》はおりなかった。生《い》きもの係《がかり》が生《い》き物《もの》を専門《せんもん》に捜査《そうさ》することはみとめても、費用《ひよう》のかかる出張《しゅっちょう》まではしなくてよいというのである。

「もっと大《おお》きな事件《じけん》で苦《くる》しんでいる人《ひと》が、たくさんいるんだ。そちらの事件《じけん》を解決《かいけつ》するほうが先《さき》ではないのか。」

そういわれた福原警部補《ふくはらけいぶほ》は、大《おお》きなショックを受《う》けた。現実《げんじつ》は、そのとおりである。しかし、勝手《かって》な売《う》り買《か》いによって生《い》き物《もの》を絶滅《ぜつめつ》させてよいはずがない。そこで、

「この事件《じけん》はそのうち関東《かんとう》へ広《ひろ》がる可能性《かのうせい》があります。今《いま》ここで食《く》い止《と》めなかったら、この先《さき》、世界中《せかいじゅう》の希少動物《きしょうどうぶつ》がどうなってしまうかわかりません。それは、人間《にんげん》の未来《みらい》にも大《おお》きく関係《かんけい》しています。」

と、強《つよ》くうったえた。そして何度《なんど》も話《はな》し合《あ》いがされたけっか、ようやく出張《しゅっちょう》の許可《きょか》がおりたのである。

「よし。これで捜査《そうさ》ができるぞ！」

福原警部補《ふくはらけいぶほ》は、すぐに関西《かんさい》へ向《む》かった。

このとき関西《かんさい》には、タイなど海外《かいがい》から密輸《みつゆ》で持《も》ちこんだ生《い》き物《もの》をペットショップに売《う》る業者《ぎょうしゃ》が、いくつもあった。さらに、その業者《ぎょうしゃ》から密輸《みつゆ》の生《い》き物《もの》を買《か》うペットショップの経営者《けいえいしゃ》たちも多《おお》くいて、ひとつの大《おお》きなグループになっていた。おたがいに、れんらくしあい、密輸《みつゆ》された生《い》き物《もの》たちを、かくれて取《と》り引《ひ》きしていたのである。

「このグループをつぶさなければ、いつか関東《かんとう》でも取《と》り引《ひ》きをするにちがいない！」

すでに中部地方《ちゅうぶちほう》などにも、同《おな》じようなグループができていた。

生《い》きもの係《がかり》は、関西《かんさい》へ何度《なんど》も出向《でむ》き、捜査用《そうさよう》ワンボックスカーの中《なか》から、ペットショップを見《み》はった。そのけっか、中心《ちゅうしん》となって密輸《みつゆ》をしていた三人《にん》の業者《ぎょうしゃ》を逮捕《たいほ》することができ、関西《かんさい》のグループはすがたを消《け》した。

これは生《い》きもの係《がかり》として、とても大《おお》きな成果《せいか》だった。

しかし、よろんでいるひまはなかった。関西《かんさい》のグループと中部地方《ちゅうぶちほう》にできていたグループは、つながっていたのである。

希少《きしょう》なカメがうじゃうじゃ

それがわかったのは、逮捕《たいほ》された業者《ぎょうしゃ》のひとりが、ある決心《けっしん》をしたからだった。

「密輸《みつゆ》した生《い》き物《もの》を売《う》っている者《もの》は、たくさんいます。このままつづけていたら、また犯罪《はんざい》をおかしてしまうかもしれません。だから自分《じぶん》は、爬虫類《はちゅうるい》の売《う》り買《か》いをやめようと思《おも》います。」

そういって、すべての関係《かんけい》をたちきるために、中部地方《ちゅうぶちほう》で密輸《みつゆ》をしている業者《ぎょうしゃ》たちの情報《じょうほう》を、話《はな》したのである。

その中部地方《ちゅうぶちほう》の業者《ぎょうしゃ》たちを、あますところなく調《しら》べた。するとそのなかに、マレーガビアルという、めずらしいワニを多《おお》く密輸《みつゆ》している、ワニのすきなマニア＊がいることがわかった。生《い》きもの係《がかり》は、このワニマニアがマレーガビアルをかくしている場所《ばしょ》をつきとめ、保護《ほご》することができた。

しかしワニ以外《いがい》に、ワシントン条約《じょうやく》（48ページ）で保護《ほご》されているホウシャガメも、自宅《じたく》でかくし持《も》っていることがわかった。そのホウシャガメを、すぐに保護《ほご》しなければならない。

＊マニア…自分《じぶん》の楽《たの》しみのために、あるものごとに熱中《ねっちゅう》している人《ひと》。

二〇〇五年十月五日《ねんがつかか》。

福原警部補《ふくはらけいぶほ》は、保田警部補《やすだけいぶほ》たちと七名《めい》で、捜査用《そうさよう》ワンボックスカー三台《だい》に乗《の》りこみ中部地方《ちゅうぶちほう》に住《す》むワニマニアの家《いえ》へ向《む》かった。

その家《いえ》はへいでかこまれていた。大《おお》きな庭《にわ》があり、ブザーは中《なか》の建物《たてもの》の入《い》り口《ぐち》についている。福原警部補《ふくはらけいぶほ》はきびしい顔《かお》で門《もん》のとびらを開《あ》け、庭《にわ》に入《はい》った。

するとそこに、木製《もくせい》の四角《しかく》い箱《はこ》がさかさまにおいてあった。

「なんだ？　この箱《はこ》は。」

すのこ*に似《に》た物《もの》で作《つく》られている。高《たか》さはひざぐらいだ。大人《おとな》がひとり入《はい》れるくらいのサイズで、かなり大《おお》きい。

「なんだろうねえ。」

すぐ後《うし》ろにいた保田警部補《やすだけいぶほ》が、前《まえ》へ出《で》て何気《なにげ》なく箱《はこ》を持《も》ちあげた。

そのとたん福原警部補《ふくはらけいぶほ》は、のけぞった。

「出《で》たあ！」

2 カメ・ワニ大量密輸事件

「こ、これは！」

保田警部補《やすだけいぶほ》のやさしそうな目《め》が、大《おお》きく見開《みひら》かれた。

「どうしたんですか？」

全員《ぜんいん》がバタバタとかけよってきた。

なんと箱《はこ》の下《した》に、数《かぞ》えきれないほどのホウシャガメが、うじゃうじゃと重《かさ》なりあっていたのである。

「四、五ひきはかくし持《も》っていると思《おも》ったけど、こんなにいるとは思《おも》わなかった。」

「軽《かる》く百《ひゃっ》ぴきは、こえている。ひどいことするなあ。」

全員《ぜんいん》あきれかえった。

すぐにその家《いえ》のワニマニアをよびだし、家宅捜索《かたくそうさく》を行《おこな》って逮捕《たいほ》した。

家宅捜索《かたくそうさく》とは、犯罪《はんざい》がうたがわれる者《もの》の自宅《じたく》や会社《かいしゃ》に強制的《きょうせいてき》に立《た》ち入《い》り、証拠《しょうこ》をさ

＊すのこ…細《ほそ》い板《いた》を間《あいだ》を空《あ》けてならべ、台《だい》の木材《もくざい》にくぎで打《う》ちつけたもの。

がしだすことだ。証拠《しょうこ》の写真《しゃしん》をとったり、その場《ば》の見取《みと》り図《ず》を作《つく》るなど、さまざまな作業《さぎょう》があるため、二、三時間《じかん》はかかる。

カメは、二百《ひゃっ》ぴき近《ちか》くいた。前代未聞《ぜんだいみもん》の、大《おお》がかりな密輸事件《みつゆじけん》である。大事《だいじ》なのは、カメたちを保護《ほご》することだ。福原警部補《ふくはらけいぶほ》たちは手分《てわ》けして、カメたちを段《だん》ボール箱《ばこ》に入《い》れると、ワンボックスカーにつみこんだ。

「このカメは、どうするんですか？」

部下《ぶか》のひとりが、心配《しんぱい》そうにきいた。行《い》く当《あ》てなどあるのだろうか。

「東京《とうきょう》までにある動物園《どうぶつえん》にれんらくして、引《ひ》き取《と》ってもらえるかきいてみよう。」

「そんな手《て》があったんですね。」

福原警部補《ふくはらけいぶほ》が知《し》っている、いくつかの動物園《どうぶつえん》によった。みんなこころよく、協力《きょうりょく》してくれた。おかげで、とちゅうの名古屋《なごや》に着《つ》くころにはだいぶへっていた。のこったのは二十二ひき。なんとかしなければならない。

「そうだ！　横浜市《よこはまし》の動物園《どうぶつえん》にきいてみよう。」

二〇〇三年《ねん》の事件《じけん》で知《し》り合《あ》った飼育員《しいくいん》の植木《うえき》さんのことを、思《おも》い出《だ》したのである。ホウシャガメの事件《じけん》の後《あと》も、ひがいにあった爬虫類《はちゅうるい》をたびたび受《う》け入《い》れてもらっていた。今回《こんかい》もおねがいすると、こころよく引《ひ》き受《う》けてくれた。

ただ、さすがにこれだけの数《かず》なので、じゅんびのため、よく日《じつ》に運《はこ》びこんでほしいという。そのため福原警部補《ふくはらけいぶほ》らはカメとともに、名古屋《なごや》で一ぱくすることになった。

カメたちの悲《かな》しい音《おと》

名古屋《なごや》の一けんのホテルの前《まえ》に到着《とうちゃく》すると、福原警部補《ふくはらけいぶほ》は部下《ぶか》にいった。

「カメがいっしょでもいいか、きいてきてくれ。」

「はい、わかりました。」

走《はし》っていったが、あっという間《ま》にもどってきた。

「だめだそうです。」

「やっぱりな。」

「で、どうしますか？」

「しかたない。今夜《こんや》はこの車《くるま》の中《なか》ですごそう。」

まだ十月《がつ》とはいえ、夜《よる》はひえこむようになっていた。アフリカ生《う》まれのカメたちにとって、寒《さむ》さがいちばんこたえる。

「だんぼうをつけっぱなしにしてくれ。気候《きこう》のちがう国《くに》から、無理《むり》やりつれてこられたんだ。細心《さいしん》の注意《ちゅうい》をはらおう。犯罪《はんざい》の生《い》きた証拠品《しょうこひん》だし、死《し》んでしまったらかわいそうだ。」

カメたちは箱《はこ》のかべや仲間《なかま》に体《からだ》をぶつけ、ゴツゴツと音《おと》を立《た》てている。

（これは、苦《くる》しいときにする行動《こうどう》だ。何《なに》かうったえているんだなあ。かわいそうに。）

こんなときほど、人間《にんげん》のおろかな行《おこな》いに、いかりを感《かん》じることはない。

（二度《ど》とくり返《かえ》させてはいけない。）

福原警部補《ふくはらけいぶほ》は、カメたちの悲《かな》しい音《おと》を聞《き》くと、ねむることができず、朝《あさ》をむかえた。

2 カメ・ワニ大量密輸事件

やがてあたりが明《あか》るくなると、車《くるま》を出《だ》し、横浜市《よこはまし》へ急《いそ》いだ。園《えん》では、植木《うえき》さんが、首《くび》を長《なが》くして待《ま》っていた。

「福原《ふくはら》さん、心配《しんぱい》していたんですよ。カメたちはみんな、だいじょうぶですか？」

「ああ、なんとか元気《げんき》だよ。」

カメたちは、無事《ぶじ》に保護《ほご》された。

植木《うえき》さんには、いつもおねがいするばかりだが、世界最強《せかいさいきょう》のどくを持《も》つヘビ、ブラックマンバや、2メートルをこえる大《おお》きなワニは以前《いぜん》、さすがにことわられた。飼育《しいく》するしせつがなかったからである。

しかし福原警部補《ふくはらけいぶほ》はほかにも、引《ひ》き取《と》ってくれる専門《せんもん》のしせつを日本中《じゅう》にいくつも知《し》っていた。

そうした情報《じょうほう》をもとに、たとえ危険《きけん》な生《い》き物《もの》でも、大切《たいせつ》に保護《ほご》しているのである。

犯人《はんにん》は、はるか遠《とお》くにいた

このホウシャガメを庭《にわ》にかくしていたワニマニアを調《しら》べると、もうひとり犯罪《はんざい》の中《ちゅう》心《しん》になっていた男《おとこ》がいることがわかった。この男《おとこ》は、ひじょうにカメにくわしく、何《なん》度《ど》も海外《かいがい》から生《い》き物《もの》をこっそり持《も》ちこんでは、日本で高《たか》いねだんで売《う》っていた。この男《おとこ》を逮捕《たいほ》しなければ、中部地方《ちゅうぶちほう》の犯罪《はんざい》グループをつぶすことはできない。

ところが捜査《そうさ》を進《すす》めるとこの男《おとこ》は、なんとアフリカのマダガスカル島《とう》にいるとわかった。それも爬虫類《はちゅうるい》の密猟《みつりょう》*をくり返《かえ》し、刑務所《けいむしょ》のろうやの中《なか》だ。

「密猟《みつりょう》ばかりして、密猟男《みつりょうおとこ》だな。」

福原警部補《ふくはらけいぶほ》は、半分《はんぶん》いかりながらなげいた。

もしマダガスカルのろうやの中《なか》にいるこの密猟男《みつりょうおとこ》を、日本でおかした罪《つみ》により逮捕《たいほ》しようとしたら、日本につれて帰《かえ》るしかない。

多《おお》くの場合《ばあい》、どこの国《くに》の人間《にんげん》も、今《いま》いる国《くに》の法律《ほうりつ》でさばかれることになっている。

（こりゃだめだ。マダガスカルは遠《とお》すぎて行《い》けない。）

福原警部補《ふくはらけいぶほ》は、うで組《ぐ》みをして考《かんが》えた。

（何《なに》かいい手《て》はないだろうか。）

知恵《ちえ》をしぼったが、なかなかいい考《かんが》えがうかばない。

するとこのとき上司《じょうし》から、「ちがう切《き》り口《くち》からせめこんでみろ」と、アドバイスを受《う》けた。

「ちがう切《き》り口《くち》ですか？」

事件《じけん》が行《い》きづまったときによくいわれることで、「べつの方面《ほうめん》から捜査《そうさ》に当《あ》たれ」ということだ。

「そういわれても、てきはアフリカだしなあ。」

しかめっ面《つら》でぼやいていると、あることがひらめいた。

「そうか。外国《がいこく》なんだから、外務省《がいむしょう》にきけばいいんだ。」

＊密猟《みつりょう》…法《ほう》をやぶって、人《ひと》にかくれて動物《どうぶつ》などをつかまえること。

福原警部補《ふくはらけいぶほ》は、いきおいよく立《た》ちあがった。部下《ぶか》たちが、何《なに》ごとかと目《め》をぱちぱちさせた。

「外務省《がいむしょう》に何《なに》をきくんですか？」

「マダガスカルの日本大使館《たいしかん》＊の電話番号《でんわばんごう》だよ。」

「きいて、それから？」

「いいから、いいから。」

福原警部補《ふくはらけいぶほ》は、すぐに日本の外務省《がいむしょう》に電話《でんわ》をした。マダガスカルにある、日本大使館《たいしかん》の電話番号《でんわばんごう》を教《おし》えてもらったのである。

日本の外務省《がいむしょう》は、とても親切《しんせつ》だった。実《じつ》は、このとき世界《せかい》ではすでに、希少動物《きしょうどうぶつ》の輸入《ゆにゅう》について、とてもきびしいばつが、あたえられるようになっていた。その点《てん》、日本は対《たい》さくがおくれていたため、「なんとかしなければ」と、外務省《がいむしょう》も考《かんが》えていたにちがいない。

「よし、マダガスカルへ電話《でんわ》をするぞ。」

2 カメ・ワニ大量密輸事件

「まさかマダガスカルの大使館《たいしかん》の人《ひと》に、協力《きょうりょく》をおねがいするってことですか？」

「そのとおり。」

福原警部補《ふくはらけいぶほ》は電話《でんわ》をかけると、ていねいに説明《せつめい》した。長《なが》い国際電話《こくさいでんわ》だった。

そのけっか、マダガスカルの日本大使館《たいしかん》は、マダガスカルの警察《けいさつ》と話《はな》し合《あ》うことをやくそくしてくれた。

話《はな》し合《あ》いはすぐに行《おこな》われたらしく、二、三日後《にちご》、マダガスカルの大使館《たいしかん》から警視庁《けいしちょう》に、国際電話《こくさいでんわ》がかかってきた。

「マダガスカルの警察《けいさつ》に、釈放《しゃくほう》＊してもらいます。ろうやから出《で》たら、すぐに日本行《い》きの飛行機《ひこうき》に乗《の》せます。それで帰国《きこく》させるという計画《けいかく》で、どうでしょう。」

「わかりました。それで、おねがいします。」

＊大使館《たいしかん》…外国《がいこく》でその国《くに》との話《はな》し合《あ》いなどの仕事《しごと》をする外交官《がいこうかん》のいる役所《やくしょ》。
＊釈放《しゃくほう》…とらえた人《ひと》を放《はな》し、自由《じゆう》にすること。

どうなる？ 国境《こっきょう》ごえ

マダガスカルの日本大使館《たいしかん》の協力《きょうりょく》のおかげで、犯人逮捕《はんにんたいほ》は目前《もくぜん》のように思《おも》えた。

ところが、一難去《いちなんさ》ってまた一難《いちなん》。

「た、たいへんです！　マダガスカルから、日本への直行便《ちょっこうびん》がありません。」

「ああ、なんてこった……。」

タイの首都《しゅと》バンコクで、乗《の》りかえがひつようなことがわかったのである。

マダガスカルから犯人《はんにん》をひとりで飛行機《ひこうき》に乗《の》せ、帰国《きこく》させる。それだけでも不安《ふあん》なのに、乗《の》りかえ

当時《とうじ》のマダガスカルから日本への乗《の》りかえルート

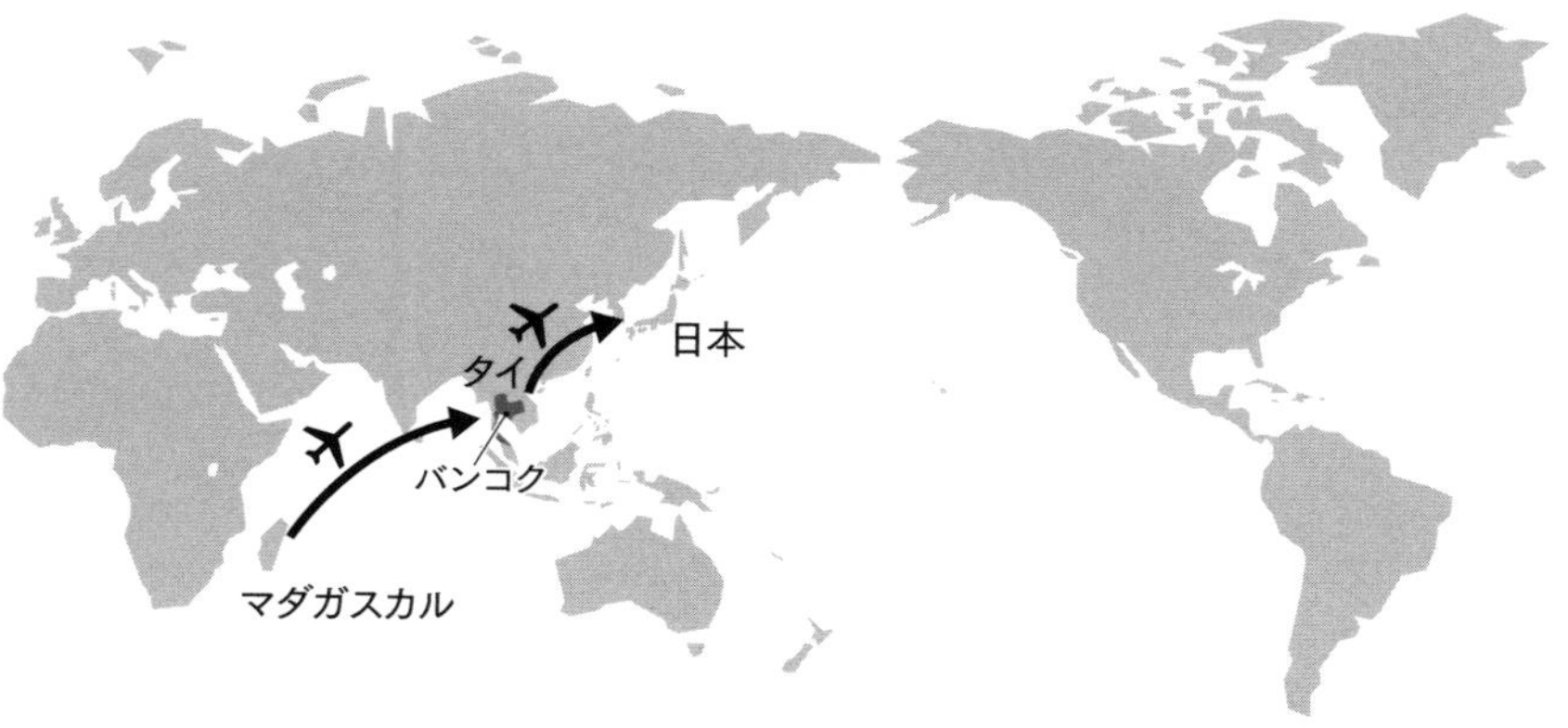

などという、ややこしい手続《てつづ》きがあるとは！

「犯人《はんにん》はチャンスとばかりに、乗《の》りかえを利用《りよう》してにげそうだな。」

福原警部補《ふくはらけいぶほ》は、密猟男《みつりょうおとこ》の行動《こうどう》を予想《よそう》した。

「それなら、日本からタイにはけんされている警察官《けいさつかん》に、犯人《はんにん》を見《み》はってもらってはどうですか？　タイの日本大使館《たいしかん》にいるはずですよ。」

「おお。それは、いいな。無事《ぶじ》に日本に到着《とうちゃく》したら、そこで逮捕《たいほ》すればいい。」

すぐにタイの日本大使館《たいしかん》にれんらくすると、協力《きょうりょく》してくれることになった。

しかし福原警部補《ふくはらけいぶほ》には、まだ心配《しんぱい》なことがあった。いくら警察官《けいさつかん》とはいえ、海外《かいがい》では日本の法律《ほうりつ》で逮捕《たいほ》することはできないのである。もし密猟男《みつりょうおとこ》が目《め》の前《まえ》でにげてしまったとしても、その場《ば》で取《と》りおさえることができない。

いよいよ密猟男《みつりょうおとこ》が、マダガスカルを出国《しゅっこく》する日《ひ》がやってきた。夕方《ゆうがた》になってようやく、「飛行機《ひこうき》に乗《の》った」というれんらくが入《はい》った。

「うまくいくかなあ。」

バンコクのドンムアン空港《くうこう》は、飛行機《ひこうき》の発着《はっちゃく》が多《おお》くとてもこんざつしている。にげるなというほうが無理《むり》だったのかもしれない。

おそれていたとおり、密猟男《みつりょうおとこ》はにげた。人《ひと》ごみにまぎれ、バンコクの町《まち》へと消《き》えてしまったのである。

「ああ、やっぱりだめだったか。」

福原警部補《ふくはらけいぶほ》たちは、そろってため息《いき》をついた。

この事件《じけん》は、未解決《みかいけつ》で終《お》わるかもしれない、という、いやな空気《くうき》がただよった。

にがしてなるものか!

「いや待《ま》て。あきらめるのは、まだだ。情報《じょうほう》だけはつかんでおこう。」

「いったい、どうするんですか?」

「バンコクにいる、知《し》り合《あ》いのペットの輸入業者《ゆにゅうぎょうしゃ》に、密猟男《みつりょうおとこ》の情報《じょうほう》が入《はい》ったら、教《おし》えてほしいとたのんでおくんだよ。」

「なるほど。何《なに》か引《ひ》っかかるかもしれませんね。」

福原警部補《ふくはらけいぶほ》の名《な》は、生《い》き物《もの》をめぐる多《おお》くの事件《じけん》を解決《かいけつ》したことで、バンコクにいる日本人のペット輸入業者《ゆにゅうぎょうしゃ》の間《あいだ》でも広《ひろ》く知《し》れわたっていた。この業者《ぎょうしゃ》のなかには、福原《ふくはら》警部補《けいぶほ》に協力《きょうりょく》してくれる人《ひと》も多《おお》くいた。

何《なに》も動《うご》きがないまま、二、三週間《しゅうかん》すぎた。

そんなある日《ひ》の夕方《ゆうがた》のことだった。福原警部補《ふくはらけいぶほ》が、仕事《しごと》で駅前《えきまえ》を歩《ある》いていたときだ。ポケットの中《なか》で携帯電話《けいたいでんわ》が鳴《な》った。急《いそ》いで取《と》りだし画面《がめん》を見《み》て、びっくりした。

「あっ！　バンコクからだ。」

思《おも》わず携帯電話《けいたいでんわ》を、落《お》としてしまった。

あわてて拾《ひろ》いあげると、たのんでいた輸入業者《ゆにゅうぎょうしゃ》の声《こえ》が、耳《みみ》にとびこんできた。

「密猟男《みつりょうおとこ》が、パスポートの更新《こうしん》の手続《てつづ》きをするらしい。これからバスに乗《の》って、タイとラオスの国境《こっきょう》*にある入国管理事務所《にゅうこくかんりじむしょ》に向《む》かうそうだ。」

「ほんとうか！　貴重《きちょう》な情報《じょうほう》、ありがとな。」

この二《ふた》つの国《くに》の国境地域《こっきょうちいき》は、ほかにミャンマーをふくめ、ゴールデントライアングルとよばれている。けわしい山《やま》が多《おお》くつらなるところで、麻薬取《まやくと》り引《ひ》きのさかんな危《き》険地域《けんちいき》だ。密猟男《みつりょうおとこ》が、もしこのあたりににげこんだら、つかまえる機会《きかい》をうしなってしまう。

（バンコクの入国管理事務所《にゅうこくかんりじむしょ》につたえよう。）

すると、密猟男《みつりょうおとこ》は、外国人《がいこくじん》がタイにいることのできる期間《きかん》を、数日《すうじつ》こえてしまっていたことがわかった。

そこで、タイ警察《けいさつ》が密猟男《みつりょうおとこ》を不法滞在《ふほうたいざい》*の容疑《ようぎ》で逮捕《たいほ》し、バンコクの入国管理事務所《にゅうこくかんりじむしょ》につれていき福原警部補《ふくはらけいぶほ》らにひきわたす、という手《て》はずになった。

福原警部補《ふくはらけいぶほ》の上司《じょうし》は、海外《かいがい》での事件《じけん》のため、法律《ほうりつ》と事件《じけん》のてらし合《あ》わせを行《おこな》う検察《けんさつ》庁《ちょう》に報告《ほうこく》した。

2 カメ・ワニ 大量密輸事件

すると検察庁《けんさつちょう》から、次《つぎ》のようなおねがいがきた。

「ぜひタイに出張《しゅっちょう》して、密猟男《みつりょうおとこ》をつれて帰《かえ》ってほしい。」

「わかりました！」

生《い》きもの係《がかり》として、はじめての海外出張《かいがいしゅっちょう》である。

間《ま》もなく、タイ警察《けいさつ》から、密猟男《みつりょうおとこ》を国境《こっきょう》近《ちか》くで逮捕《たいほ》した、というれんらくが入《はい》った。

そこで福原警部補《ふくはらけいぶほ》は、タイ語《ご》を話《はな》せる警察官《けいさつかん》と二人《ふたり》で、タイへ向《む》かった。


タイまでは、飛行機《ひこうき》でおよそ七時間《じかん》かかる。夕方《ゆうがた》に到着《とうちゃく》したドンムアン空港《くうこう》は、バンコク市内《しない》から25キロメートルはなれたところにあった。

よく朝《あさ》四時《じ》に、日本大使館《たいしかん》のワンボックスカーが二人《ふたり》をむかえに来《き》た。すぐに密猟《みつりょう》男《おとこ》がろうやに入《い》れられている、入国管理事務所《にゅうこくかんりじむしょ》へ向《む》かった。はじめてのバンコクだが、けしきを見《み》るよゆうはなく、男《おとこ》を無事《ぶじ》につれて帰《かえ》ることだけを考《かんが》えていた。

入国管理事務所《にゅうこくかんりじむしょ》に着《つ》くと、ろうやのある部屋《へや》へ案内《あんない》された。

＊国境《こっきょう》…国《くに》と国《くに》とのさかい目《め》。
＊不法滞在《ふほうたいざい》…外国人《がいこくじん》が法律《ほうりつ》で禁止《きんし》されている方法《ほうほう》や期間内《きかんない》で国《くに》にいること。

太《ふと》い鉄格子《てつごうし》の向《む》こう側《がわ》に、小《こ》がらな男《おとこ》がポツンと立《た》っていた。鼻《はな》の下《した》に生《は》やしたひげは、手入《てい》れができなかったのだろう。のび放題《ほうだい》になっていた。

（これが密猟男《みつりょうおとこ》か。）

たよりない感《かん》じで、世界《せかい》をまたにかけて、密猟《みつりょう》をしていたようには、とても見《み》えない。

福原警部補《ふくはらけいぶほ》は、しずかに男《おとこ》にいった。

「日本の警視庁《けいしちょう》から来《き》た。すなおにしたがったほうがいい。」

「ええっ、ほんとうに来《き》たの？」

密猟男《みつりょうおとこ》は目《め》をしばたたかせると、うなだれた。相当《そうとう》なショックを受《う》けている様子《ようす》で、しばらくだまっていた。

しかし、気《き》を取《と》りなおしたのか、明《あか》るい声《こえ》でいった。

「わかったよ。だけど日本へ行《い》く前《まえ》に、シャワーをあびたいんだ。」

数分後《すうふんご》、シャワーをあびて出《で》てきた密猟男《みつりょうおとこ》は、すっきりした顔《かお》をしていた。

密猟男《みつりょうおとこ》とともに空港《くうこう》へ向《む》かい、無事《ぶじ》に日本に行《い》く飛行機《ひこうき》に乗《の》った。

2 カメ・ワニ大量密輸事件

飛行機《ひこうき》の後方《こうほう》の席《せき》に密猟男《みつりょうおとこ》をすわらせ、その両《りょう》わきに福原警部補《ふくはらけいぶほ》たちがすわった。機《き》長《ちょう》の気《き》づかいで、ちょうど同《おな》じ飛行機《ひこうき》に乗《の》りあわせた、研修中《けんしゅうちゅう》の客室乗務員《きゃくしつじょうむいん》たちが、まわりをかこむようにすわってくれた。

福原警部補《ふくはらけいぶほ》がたずねると、密猟男《みつりょうおとこ》は気《き》さくに事件《じけん》について語《かた》った。

「マダガスカルでは、現地《げんち》の人《ひと》をやとい、カメをとったんだ。おもしろいようにどんどんとれた。森《もり》では、かわったサルもとったな。日本に持《も》ちこむと高《たか》く売《う》れておどろいた。悪《わる》いなんて思《おも》わなかったなあ。」

絶滅《ぜつめつ》のおそれのあるカメ、およそ百十《ひゃく》ぴき。取《と》り引《ひ》きが禁止《きんし》されているカメ、およそ百《ひゃっ》ぴき。めずらしいリスザルやワニなど、四十ぴき以上《いじょう》。何度《なんど》も日本に持《も》ちこみ、売《う》っていたという。そのほとんどが、ワシントン条約《じょうやく》で規制《きせい》されている生《い》き物《もの》ばかりだった。

男《おとこ》は英語《えいご》のほかに、マダガスカルで広《ひろ》く使《つか》われるフランス語《ご》や、タイ語《ご》まで身《み》につけ、取《と》り引《ひ》きをしていた。

2 カメ・ワニ大量密輸事件

（そんな能力《のうりょく》があるなら、もっとほかのことに活用《かつよう》すればいいのに。）

福原警部補《ふくはらけいぶほ》はだまって聞《き》きながら、なんともいえず悲《かな》しかった。

間《ま》もなく機長《きちょう》から、「飛行機《ひこうき》がベトナム沖《おき》の公海《こうかい》に入《はい》った」という知《し》らせがあった。海《うみ》には、近《ちか》くの国《くに》が自分《じぶん》の領地《りょうち》としている領海《りょうかい》と、公海《こうかい》とがある。公海《こうかい》とは、どの国《くに》のものでもない海《うみ》のことである。この上《うえ》をとんでいるのが日本の飛行機《ひこうき》であれば、その飛行機内《ひこうきない》は日本国内《こくない》とみなされる。

福原警部補《ふくはらけいぶほ》は、逮捕状《たいほじょう》を見《み》せた。

「いいか、読《よ》むぞ。」

「はい……。」

密猟男《みつりょうおとこ》は、すなおにうなずいた。

ようやくこぎつけた、逮捕《たいほ》だった。

この大《おお》がかりな密輸事件《みつゆじけん》は、各新聞《かくしんぶん》が大《おお》きく取《と》り上《あ》げた。これをきっかけに、希少《きしょう》な生《い》き物《もの》の密輸《みつゆ》が、世界《せかい》を舞台《ぶたい》に行《おこな》われていることを、多《おお》くの人《ひと》たちが知《し》ったのである。

この事件《じけん》の解決《かいけつ》により、生《い》きもの係《がかり》のある生活環境課《せいかつかんきょうか》は、いっしょに捜査《そうさ》した署《しょ》とともに「警察庁長官賞《けいさつちょうちょうかんしょう》」を受賞《じゅしょう》した。

生《い》きもの係《がかり》 メモ

保護《ほご》された後《あと》の生《い》き物《もの》たち

保護《ほご》された生《い》き物《もの》たちは、多《おお》くの場合《ばあい》、動物園《どうぶつえん》などに一時的《いちじてき》にあずかってもらいます。

事件《じけん》が解決《かいけつ》した後《あと》は、元《もと》いた場所《ばしょ》にもどされますが、そのまま動物園《どうぶつえん》で引《ひ》き取《と》ってもらうことも多《おお》くあります。その理由《りゆう》は主《おも》に2つ。

1つはどこでつかまえられたものなのか、正確《せいかく》な場所《ばしょ》がわからないことも多《おお》いため。もともと生息《せいそく》していない場所《ばしょ》に生《い》き物《もの》を放《はな》してしまうと、その場所《ばしょ》の生態系《せいたいけい》（155ページ）をこわしてしまうことにもなります。

もう1つは、密輸《みつゆ》されるなかで、病原菌《びょうげんきん》などに感染《かんせん》している可能性《かのうせい》があるためです。これも、元《もと》にもどすことで、もともといないはずの菌《きん》をその地《ち》にばらまいてしまうことになります。

人《ひと》の都合《つごう》で、一度遠《いちどとお》くへうつされてしまった生《い》き物《もの》は、自然環境《しぜんかんきょう》を守《まも》るためにも、なかなか元《もと》いた生息地《せいそくち》にもどすことができないのです。

ファイル 3 二《ふた》つのスローロリス密輸事件《みつゆじけん》

スローロリス脱走事件《だっそうじけん》

二〇〇七年《ねん》。東南《とうなん》アジアなどにすむサルのスローロリスが、ワシントン条約《じょうやく》の対象《たいしょう》になり、国《くに》の間《あいだ》での取《と》り引《ひ》きが禁止《きんし》になった。

しかし、スローロリスは、ゆっくりとした動《うご》きと大《おお》きな目《め》がみりょく的《てき》で、人気《にんき》がおとろえなかった。かえってねだんがはねあがり、密輸《みつゆ》がふえてしまったのである。

この人気《にんき》に目《め》をつけた、五十代《だい》の日本人の男《おとこ》がいた。ひとりでタイのバンコクの市場《いちば》へ乗《の》りこんでスローロリスを仕入《しい》れ、こっそり日本に持《も》ち帰《かえ》ったのである。

タイのバンコクで数《すう》千から一万円《まんえん》ぐらいで仕入《しい》れたス

スローロリス
ロリス科《か》
体長《たいちょう》：25～37cm
原産地《げんさんち》：アジア東南部《とうなんぶ》

3 二つのスローロリス密輸事件

ローロリスが、日本では十五万円《まんえん》から四十万円《まんえん》ぐらいで売《う》れる。バンコクでの宿泊費《しゅくはくひ》や飛行機代《ひこうきだい》をさし引《ひ》いても、かなりもうかる話《はなし》だ。もちろん見《み》つかればつかまる。

その男《おとこ》は、飛行機《ひこうき》に乗《の》るとき、いつもぴったりしたジーンズをはいていた。ぶかぶかのズボンだと、反対《はんたい》に何《なに》かをポケットに入《い》れているのではないかと、空港《くうこう》の職員《しょくいん》などにうたがわれてしまうからだ。ジーンズのポケットには、スローロリスを入《い》れたくつ下《した》を、できるだけ小《ちい》さくして入《い》れていた。

しかし、長《なが》い時間《じかん》ポケットに入《い》れておくと、スローロリスは息《いき》ができずに死《し》んでしまう。そこで飛行機《ひこうき》の席《せき》に着《つ》くと、こっそりポケットから出《だ》してやっていた。

ところがあるとき、この「ジーンズ男《おとこ》」は、飛行機《ひこうき》に持《も》ちこんだ三びきのうちの一ぴきを、うっかりにがしてしまった。

（し、しまった。）

飛行機内《ひこうきない》は、大《おお》さわぎになった。

「きゃあ、何《なに》あれ！」

「サルみたいなのがいるぞ。」

ジーンズ男《おとこ》は、あわてた。でも、それは自分《じぶん》のサルだなんていえない。いえば、警《けい》察《さつ》につかまってしまう。しかたなく、知《し》らんぷりを決《き》めこんだ。

にげたスローロリスは、動《うご》きがおそいせいか、客室乗務員《きゃくしつじょうむいん》によってあっさりつかまえられた。

ふたたびタイへ

新聞《しんぶん》でこのニュースを知《し》った福原警部補《ふくはらけいぶほ》は、わらえなかった。

「バンコクからの飛行機《ひこうき》だな。」

まちがいなく捜査《そうさ》の対象《たいしょう》だ。

取《と》り引《ひ》き禁止《きんし》のスローロリスを日本に運《はこ》んでいる男《おとこ》がいるという情報《じょうほう》は、すでにつかんでいた。しかし、どこのだれなのかわからず、証拠《しょうこ》もなかった。

ただこのジーンズ男《おとこ》には、弱点《じゃくてん》があった。スローロリスをどこへ売《う》っていいか、わからなかったのである。ペットショップの経営者《けいえいしゃ》とつながりがなかったのだ。

そこでたよったのが、自分《じぶん》の息子《むすこ》だった。インターネット上《じょう》で、スローロリスをほしい人《ひと》の募集《ぼしゅう》をかけさせたのだ。それがうわさになり、福原警部補《ふくはらけいぶほ》の知《し》るところとなった。やがて捜査《そうさ》が開始《かいし》され、間《ま》もなくジーンズ男《おとこ》は、逮捕《たいほ》された。

男《おとこ》はバンコクの市場《いちば》で仕入《しい》れたスローロリスを、ポケットにかくし、三回《かい》も密輸《みつゆ》していたことがわかった。その数《かず》、合計《ごうけい》九ひきだった。

ところが数日《すうじつ》して、裁判《さいばん》のためにジーンズ男《おとこ》を調《しら》べた裁判所《さいばんしょ》から、れんらくがあった。事件《じけん》を担当《たんとう》した検察官《けんさつかん》は、こういった。

「男《おとこ》はすなおに話《はな》しているが、もしかしたら裁判《さいばん》になったとき、『タイで買《か》ったのではない。日本国内《こくない》で知《し》らない人《ひと》から買《か》った』というかもしれない。そうなったらおしまいだ。『タイの市場《いちば》の店《みせ》で買《か》った』と、いっているから、タイでその店《みせ》をさがして証拠《しょうこ》をとってきてくれないか。」

そこで、福原警部補《ふくはらけいぶほ》は出張《しゅっちょう》のじゅんびに取《と》りかかった。

「まず何《なに》をしますか？」

部下《ぶか》がきいた。

「バンコクにいるタイ人《じん》の協力者《きょうりょくしゃ》にれんらくして、スローロリスを売《う》った店《みせ》の特定《とくてい》をたのむんだ。」

「なるほど。わかりました。」

しばらくして、タイ人《じん》の協力者《きょうりょくしゃ》から「OK《オーケー》」のれんらくがきた。タイ警察《けいさつ》の協力《きょうりょく》もえられるとのことだ。

「よし、行《い》こう！」

生《い》きもの係《がかり》は、タイの首都《しゅと》バンコクへ出発《しゅっぱつ》した。

到着《とうちゃく》するとすぐに、市内《しない》のチャトゥチャック市場《いちば》へ行《い》き、タイ人《じん》の協力者《きょうりょくしゃ》と日本人の通訳《つうやく》に会《あ》った。タイの警官《けいかん》十名《めい》は、市場《いちば》のしき地内《ちない》にある大《おお》きなショッピングモールで待機《たいき》してくれた。警官《けいかん》のすがたを見《み》ると、店員《てんいん》がこわがってにげてしまうかもしれないからだ。

福原警部補《ふくはらけいぶほ》たちは協力者《きょうりょくしゃ》に案内《あんない》され、市場《いちば》にならぶ屋台《やたい》のひとつへ向《む》かった。

屋台《やたい》の近《ちか》くまで来《く》ると、協力者《きょうりょくしゃ》はさっと身《み》をかくし、あごで何《なに》かをさししめした。

（えっ？　あそこにいるというのか？）

福原警部補《ふくはらけいぶほ》がその先《さき》を見《み》ると、四十代《だい》の女性《じょせい》が二人《ふたり》と、その母親《ははおや》らしき七十代《だい》の女《じょ》性が店番をしていた。

タイ人《じん》の協力者《きょうりょくしゃ》の話《はなし》では、「この屋台《やたい》はしろうと*の日本人向《む》けの店《みせ》で、ジーンズ男《おとこ》はこの店《みせ》で買《か》ったはず」とのこと。

店《みせ》が特定《とくてい》できたので、ショッピングモールへもどり警官《けいかん》にいっしょに来《き》てもらった。

すると母親《ははおや》をのこして、二人《ふたり》の女性《じょせい》はいなくなっていた。

(にげたか……。)

今《いま》まで見《み》たことのない日本人のすがたに、危険《きけん》を感《かん》じとったのかもしれない。

「どこへ行《い》ったんだ?」

「さあ?」

福原警部補《ふくはらけいぶほ》たちは、首《くび》をかしげた。と、そのときだった。

タイの警官《けいかん》がいきなり近《ちか》くにいたわかい男《おとこ》をつかまえて、けわしい顔《かお》で何《なに》かいった。

男《おとこ》は、すっとどこかへ消《き》えてしまった。

警官《けいかん》はすぐに元《もと》のにこやかな顔《かお》にもどると、「昼飯《ひるめし》を食《た》べていればさっきの女性《じょせい》はあらわれる」といいだしたのである。

「そうなのか。じゃあ、昼飯《ひるめし》にするか。」

福原警部補《ふくはらけいぶほ》は、しんじられない思《おも》いだったが、タイ料理《りょうり》には、大《おお》いに興味《きょうみ》があった。食《た》べることは大《だい》すきだ。さそわれるままにショッピングモールで、タイ料理《りょうり》を食《た》べはじめた。

するとそこへ、先《さき》ほどの四十代《だい》の女性《じょせい》ひとりがやってきて、「ジーンズ男《おとこ》にスローロリスを売《う》った」といったのである。警官《けいかん》とやりとりしたわかい男《おとこ》が、女性《じょせい》を説得《せっとく》したのだろう。

「地元《じもと》には地元《じもと》のやり方《かた》があるんだな。」

「そういうことですね。」

こうして、福原警部補《ふくはらけいぶほ》はタイの警察《けいさつ》を通《とお》して、女性《じょせい》に「ジーンズ男《おとこ》に〇〇ひき売《う》りました。まちがいありません」という書類《しょるい》を書《か》いてもらうことができたのだった。

この書類《しょるい》が、裁判《さいばん》のときに動《うご》かぬ証拠《しょうこ》となった。

＊しろうと…専門《せんもん》ではない人《ひと》。ここでは生《い》き物《もの》についての仕事《しごと》をしていない人《ひと》などのこと。

事件《じけん》の報道《ほうどう》のおかげで、スローロリスが国際的《こくさいてき》に取《と》り引《ひ》きを禁止《きんし》されていることは、広《ひろ》く知《し》れわたった。

また起《お》きた！　スローロリス密輸事件《みつゆじけん》

しかし、その後《ご》もスローロリスをほしがる人《ひと》は、へらなかった。

ジーンズ男《おとこ》の逮捕《たいほ》から五年後《ねんご》の二〇一二年《ねん》四月《がつ》の夜中《よなか》。

警部補《けいぶほ》から警部《けいぶ》になった福原警部《ふくはらけいぶ》が、自宅《じたく》でねているときのことだ。ひとりの男性《だんせい》から電話《でんわ》がかかってきた。以前《いぜん》に「生《い》きもの係《がかり》の福原警部《ふくはらけいぶ》に話《はな》したいことがあるが、話《はな》していいか決心《けっしん》がつきかねている」といっていた男性《だんせい》だ。

「まよったのですが、やはりお話《はな》ししたほうがいいと思《おも》って、こんな時間《じかん》に電話《でんわ》をかけてしまいました。実《じつ》は、北関東《きたかんとう》の熱帯魚店《ねったいぎょてん》で、スローロリスを買《か》ったんですが、本来《ほんらい》あるはずの登録票《とうろくひょう》がついていなかったんです。」

「よく話《はな》してくれましたね。すぐ捜査《そうさ》します。」

その後《ご》、べつのペットショップの経営者《けいえいしゃ》からも、その店《みせ》についての話《はなし》がとびこんできた。

「あの店《みせ》は二年間《ねんかん》でスローロリスを六十ぴき売《う》り、千《せん》五百万円《ひゃくまんえん》ぐらい、もうけているらしいよ。」

この話《はなし》を聞《き》いた福原警部《ふくはらけいぶ》は、悲《かな》しくなってつぶやいた。

「五年前《ねんまえ》にスローロリス事件《じけん》が話題《わだい》になったのに、まだそんなに買《か》う人《ひと》がいるのか。」

「やりきれないな。」

やく二年前《ねんまえ》に生《い》きもの係《がかり》にきた森田警部補《もりたけいぶほ》が、となりでぼそりといった。森田警部《もりたけいぶ》補《ほ》は、福原警部《ふくはらけいぶ》より二才年下《さいとしした》で、頭《あたま》をぼうずがりにしている。

「てってい的《てき》に調《しら》べるぞ。」

生《い》きもの係《がかり》は、気合《きあい》を入《い》れた。

すみずみまでさがせ！

捜査《そうさ》のけっか、北関東《きたかんとう》の熱帯魚店《ねったいぎょてん》の経営者《けいえいしゃ》は、自分《じぶん》ではスローロリスを運《はこ》ばず、ふつうの日本人旅行者《りょこうしゃ》を運《はこ》び屋《や》にしていたことがわかった。

海外旅行《かいがいりょこう》をしたい人《ひと》たちに「タイへ行《い》かないか？」と声《こえ》をかけ、ツアーにさそう。「その代《か》わり帰《かえ》りに、ある荷物《にもつ》を持《も》って飛行機《ひこうき》に乗《の》りこんでほしい」とたのみ、バッグの中《なか》にスローロリスを入《い》れて日本に持《も》ち帰《かえ》らせたのである。経営者《けいえいしゃ》は、同《おな》じ飛行機《ひこうき》には乗《の》るが、決《けっ》して自分《じぶん》のバッグに入《い》れるようなことはしなかった。この経営者《けいえいしゃ》は、以《い》前《ぜん》にもスローロリスを密輸《みつゆ》したため逮捕《たいほ》され刑務所《けいむしょ》に入《はい》ったが、行《おこな》いがよかったので、条件《じょうけん》つきで刑務所《けいむしょ》から出《で》てもよいとゆるされていたのである。そんなときに犯罪《はんざい》をおかすと、すぐに刑務所《けいむしょ》にもどされる。

連休明《れんきゅうあ》けなど、観光客《かんこうきゃく》で税関《ぜいかん》*がこんざつした時期《じき》をねらった。経営者《けいえいしゃ》と関係《かんけい》のない

3 二つのスローロリス密輸事件

ツアー客《きゃく》はあやしまれない。税関《ぜいかん》はツアー客《きゃく》が申告《しんこく》した荷物《にもつ》の内容《ないよう》をうたがわないので、そこに目《め》をつけての犯罪《はんざい》だった。

経営者《けいえいしゃ》はとても用心深《ようじんぶか》く、自分《じぶん》に捜査《そうさ》の手《て》が近《ちか》づいていると気《き》づくと、同《おな》じ飛行機《ひこうき》にも乗《の》らなくなった。後《あと》の飛行機《ひこうき》に乗《の》るなどして、捜査《そうさ》をこんらんさせたのだ。

ちょうどこのころ、強《つよ》い味方《みかた》があらわれた。第一機動捜査隊《だいいちきどうそうさたい》から生《い》きもの係《がかり》にうつった、黒川警部補《くろかわけいぶほ》だ。三十才《さい》で、活気《かっき》にみちている。

「まず、運《はこ》び屋《や》をわりだしましょう。」

黒川警部補《くろかわけいぶほ》は、飛行機《ひこうき》に乗《の》った人《ひと》の名簿《めいぼ》を、ていねいになんまいも調《しら》べ、経営者《けいえいしゃ》と同《おな》じ便《びん》にいつも乗《の》っている者《もの》をさがしだした。さらに、その便《びん》の前後《ぜんご》に出発《しゅっぱつ》する便《びん》についても、てっていして調《しら》べあげた。こうして運《はこ》び屋《や》がだれか見《み》つけだしていき、証拠《しょうこ》をかためたのだ。

経営者《けいえいしゃ》は、以前《いぜん》に羽田空港《はねだくうこう》から地方《ちほう》へ、スローロリスを送《おく》ったことがあった。そのことに注目《ちゅうもく》し、黒川警部補《くろかわけいぶほ》は、経営者《けいえいしゃ》の足取《あしど》りをたどってはどうかといった。

＊税関《ぜいかん》…港《みなと》や空港《くうこう》で、輸出品《ゆしゅつひん》や輸入品《ゆにゅうひん》の取《と》りしまりをする役所《やくしょ》。

「羽田《はねだ》までの高速道路《こうそくどうろ》の監視《かんし》カメラをチェックしてはどうでしょうか。そのカメラに経営者《けいえいしゃ》の車《くるま》がうつっていたら、次《つぎ》は、羽田《はねだ》で航空貨物《こうくうかもつ》を送《おく》ったときの荷送《におく》り状《じょう》をさがします。これらが見《み》つかれば、証拠《しょうこ》になるのではないですか？」

「そうだが、映像《えいぞう》も荷送《におく》り状《じょう》もすごい量《りょう》だぞ。できるか？」

「はい、やります！」

「よし、がんばれ！」

福原警部《ふくはらけいぶ》は、大《おお》きな期待《きたい》をかけた。

黒川警部補《くろかわけいぶほ》は、経営者《けいえいしゃ》の行動《こうどう》を観察《かんさつ》して、とうとう監視《かんし》カメラに経営者《けいえいしゃ》の車《くるま》がうつっているのを発見《はっけん》した。

「やったな！　あとは羽田《はねだ》の荷送《におく》り状《じょう》だ。」

黒川警部補《くろかわけいぶほ》の作業《さぎょう》はつづき、やがて、ついに経営者《けいえいしゃ》が、スローロリスを地方《ちほう》へ発送《はっそう》した荷送《におく》り状《じょう》を発見《はっけん》することができたのだった。

ほかにも福原警部《ふくはらけいぶ》はタイにいる知《し》り合《あ》いにたのみ、運《はこ》び屋《や》が市場《いちば》でスローロリスを買《か》っている写真《しゃしん》も、手《て》に入《い》れた。

この警察《けいさつ》の動《うご》きをいち早《はや》くさっした経営者《けいえいしゃ》は、あわててすがたをかくした。

しかし、福原警部《ふくはらけいぶ》は、すべてのじょうきょうからある予想《よそう》を立《た》てた。

「あの熱帯魚店《ねったいぎょてん》の従業員《じゅうぎょういん》はひとりしかいない。店《みせ》をまかせられないから、かならず様子《ようす》を見《み》に帰《かえ》ってくるはずだ。経営者《けいえいしゃ》の自宅《じたく》は店《みせ》の二階《かい》だが、近《ちか》くにアパートもかりている。どちらにいるかわからないが、かならず店《みせ》にすがたをあらわすはずだ。」

ではどうしたらいいのか、生《い》きもの係《がかり》で会議《かいぎ》をくり返《かえ》した。

そのけっか、店《みせ》が見《み》えるところに、ビデオカメラをおくことになった。

福原警部《ふくはらけいぶ》は、森田警部補《もりたけいぶほ》や黒川警部補《くろかわけいぶほ》たちと捜査用《そうさよう》ワンボックスカーに乗《の》り、北関東《きたかんとう》へ向《む》かった。店《みせ》の近《ちか》くに着《つ》くと、見《み》つからないような場所《ばしょ》に車《くるま》をとめ、店《みせ》の様子《ようす》を録画《ろくが》した。

その後《ご》は三人《にん》ずつ、二《ふた》つのグループになって店《みせ》を見《み》はった。朝《あさ》からよく日《じつ》の夕方《ゆうがた》まで見《み》はり、いったん東京《とうきょう》にもどる。よく日《じつ》、べつのグループが北関東《きたかんとう》へ行《い》き、一《ひと》ばん見《み》はり、もどる。こういったはりこみが一か月《げつ》ほどつづけられたが、経営者《けいえいしゃ》は、なかなかすがたをあらわさなかった。

さつえいした映像《えいぞう》は、かならず見直《みなお》すことになっている。福原警部《ふくはらけいぶ》と森田警部補《もりたけいぶほ》が、映像《えいぞう》を見《み》ていたときだ。

「あっ！　ちょっと待《ま》って。」

森田警部補《もりたけいぶほ》が、いきなりビデオのテープを止《と》めさせた。

「何《なに》か見《み》つけたか？」

福原警部《ふくはらけいぶ》の目《め》が、きらりとかがやいた。

実《じつ》は、森田警部補《もりたけいぶほ》は、人《ひと》なみはずれた注意力《ちゅういりょく》をもっているのだ。ほかの人《ひと》なら、まばたきをしたしゅん間《かん》に見《み》のがしてしまうような動《うご》きにすら気《き》づくことができる。

「ああ。ほんの一《いっ》しゅんだけど、うつっていたよ。ほらここ。」

止《と》めた画面《がめん》には、かすかに経営者《けいえいしゃ》がうつっていた。早朝《そうちょう》、まだ暗《くら》いなか、家《いえ》の中《なか》から新聞《しんぶん》を取《と》りに出《で》たのである。まわりを気《き》にしながらの、すばやい動《うご》きだった。

すでに逮捕状《たいほじょう》がおりていたので、すぐに家《いえ》の捜索《そうさく》が行《おこな》われることになった。

福原警部《ふくはらけいぶ》が命令《めいれい》を下《くだ》した。

「よし！　ふみこむぞ。」

チャイムを鳴《な》らすと、家族《かぞく》らしきわかい女性《じょせい》が出《で》た。

「経営者《けいえいしゃ》はいますか。」

部下《ぶか》がきくと、女性《じょせい》は少《すこ》しふるえながらいった。

「い、いません。」

ほかの部下《ぶか》が、後《うし》ろから顔《かお》をのぞかせた。

「そんなはずはないんだが。ほんとにいませんか？」

「いないといったら、いないんです。」

そこで逮捕状《たいほじょう》を見《み》せ家《いえ》の中《なか》に入《はい》ったが、女性《じょせい》がいったとおり、経営者《けいえいしゃ》はどの部屋《へや》にもいなかった。

しかし、ここでのがしてしまうと、今《いま》までの捜査《そうさ》があわと消《き》える。

「絶対《ぜったい》にいるはずだ。すみずみまでさがせ！」

福原警部《ふくはらけいぶ》の緊迫《きんぱく》した声《こえ》が、ひびいた。

全員《ぜんいん》きびきびと行動《こうどう》した。家《いえ》の中《なか》のあらゆるとびらを開《あ》け、おし入《い》れのおくや、クローゼットの洋服《ようふく》のすき間《ま》も見《み》た。はては、どこかにかくし部屋《べや》でもあるのではないかと、本箱《ほんばこ》を力《ちから》いっぱいおしている者《もの》さえいた。

「あれっ、これはどうしたんだ？」

福原警部《ふくはらけいぶ》が、あることに気《き》がついた。

せんたく機《き》が大《おお》きく動《うご》かされ、元《もと》のいちよりずれていたのである。

（おかしいな。）

上《うえ》を見《み》ると、天井《てんじょう》の板《いた》がずれているではないか！

福原警部《ふくはらけいぶ》がいった。

「荒井巡査部長《あらいじゅんさぶちょう》をよんでくれ。」

「はい、わかりました。」

荒井巡査部長《あらいじゅんさぶちょう》が飛《と》んできた。

「なんですか？」

荒井巡査部長《あらいじゅんさぶちょう》は、身長《しんちょう》190センチメートル。柔道《じゅうどう》が強《つよ》い。

「ここがあやしい。屋根《やね》うらに入《はい》ってつかまえてくれ！」

「わかりました！」

荒井巡査部長《あらいじゅんさぶちょう》は、せんたく機《き》の上《うえ》へのぼり、屋根《やね》うらの暗《くら》やみへと消《き》えた。

五分《ふん》、六分《ぷん》……。

天井《てんじょう》が、ミシミシと音《おと》を立《た》てた。

福原警部《ふくはらけいぶ》たちは、じっと暗《くら》やみを見《み》つめつづけた。

ちょうど十分《ぷん》がすぎたときだった。

とつぜん大《おお》きな声《こえ》がした。

「いました！」

「ほんとか！　よくやった。」

福原警部《ふくはらけいぶ》がよろこびの声《こえ》を上《あ》げると、全員《ぜんいん》「おお！」と歓声《かんせい》を上《あ》げた。

ガタガタと大《おお》きな音《おと》を立《た》てて、経営者《けいえいしゃ》がすがたをあらわし、せんたく機《き》をふみ台《だい》にして下《お》りてきた。

「すみません。」

経営者《けいえいしゃ》は、ささやくようにいった。

福原警部《ふくはらけいぶ》はいかりにみちた顔《かお》で、問《と》いただした。

「なんでこんなことばかり、くり返《かえ》すんだ？　スローロリスは、絶滅《ぜつめつ》するおそれがあるんだぞ。だから禁止《きんし》なんだ。」

「申《もう》しわけありません。自分《じぶん》でわかっていても、おさえられないのです。何度《なんど》つかまっても、くり返《かえ》してしまう。まるで密輸《みつゆ》という病気《びょうき》にかかっているようなんです。」

（ああ、なんてことだ。）

経営者《けいえいしゃ》の勝手《かって》な言《い》い分《ぶん》を聞《き》くと、福原警部《ふくはらけいぶ》はとても悲《かな》しくなった。

「いいか。その病気《びょうき》のせいで、どれだけ多《おお》くのスローロリスがぎせいになったかわかるか？」

「はい……。」

経営者《けいえいしゃ》は、だまって頭《あたま》を下《さ》げた。

その後《ご》、福原警部《ふくはらけいぶ》は、この経営者《けいえいしゃ》の店《みせ》が、二〇一一年《ねん》の東日本大震災《ひがしにほんだいしんさい》でひさいしたことを知《し》った。店《みせ》がかたむき水《すい》そうがこわれ、多《おお》くの生《い》き物《もの》が死《し》んだという。そのために密輸《みつゆ》をくり返《かえ》して、無理《むり》やりお金《かね》をかせごうとしたのだった。

ふくざつな思《おも》いだった。

（しかし、どんな理由《りゆう》があるにせよ、犯罪《はんざい》をゆるすわけにはいかないんだ。）

こうしてようやく経営者《けいえいしゃ》は、逮捕《たいほ》された。

ラテン語《ご》じゃないか！

二〇一三年《ねん》九月《がつ》。

福原警部《ふくはらけいぶ》は、ドイツから日本に帰《かえ》る三十代《だい》の男《おとこ》が、いろいろな種類《しゅるい》のヤモリやトカゲを大量《たいりょう》に持《も》ちこもうとしている、という情報《じょうほう》をえた。そのなかには、輸入《ゆにゅう》を禁止《きんし》されているヤモリがいるらしい。

成田空港《なりたくうこう》に到着《とうちゃく》する飛行機《ひこうき》を部下《ぶか》とともに待《ま》ちかまえ、ロビーに出《で》てきた男《おとこ》に話《はな》しかけた。この時点《じてん》では、どのヤモリが禁止《きんし》なのかわからない。

そこで、持《も》ち帰《かえ》った爬虫類《はちゅうるい》とそのリストの提出《ていしゅつ》をおねがいした。男《おとこ》は自信《じしん》があったのか、気軽《きがる》に警察《けいさつ》にリストを提出《ていしゅつ》した。

そのリストを見《み》て、みな一様《いちよう》におどろいた。

3 二つのスローロリス密輸事件

「これ、ラテン語《ご》の学名《がくめい》じゃないか！」

生《い》き物《もの》の種《しゅ》のよび名《な》は、国《くに》によってちがう。そのため世界共通《せかいきょうつう》の正式《せいしき》な名前《なまえ》である「学名《がくめい》」は、ラテン語《ご》にすることが、ルールとなっている。今《いま》ではラテン語《ご》は、日常《にちじょう》で使《つか》われることはめったにない。

生《い》きもの係《がかり》ではラテン語《ご》の学名《がくめい》がどの生《い》き物《もの》のことか見《み》きわめるまではむずかしい。これでは、リストと目《め》の前《まえ》の爬虫類《はちゅうるい》をてらし合《あ》わせることができない。つまり、どの爬虫類《はちゅうるい》が、禁止《きんし》されたものなのかわからないのである。

考《かんが》えているうちに、警部《けいぶ》はある人《ひと》を思《おも》い出《だ》した。

「専門家《せんもんか》の白戸《しらと》さんにきくのがいちばんだな。」

白戸《しらと》さんは静岡県加茂郡《しずおかけんかもぐん》で、爬虫類専門《はちゅうるいせんもん》の動物園《どうぶつえん》を経営《けいえい》している。すぐにれんらくし事情《じじょう》を話《はな》すと、こころよく協力《きょうりょく》を引《ひ》き受《う》けてくれた。

「じゃあ、まずそのリストをメールで送《おく》ってくれない？」

リストを送《おく》ると、すぐにれんらくをくれた。

「これ、全部《ぜんぶ》ラテン語《ご》の学名《がくめい》で書《か》いてあるけど、リストの順《じゅん》番《ばん》がおかしいね。ヤモリならヤモリでまとめればいいのに、間《あいだ》にトカゲなどべつの生《い》き物《もの》をはさんで、またヤモリが書《か》いてある。あやしいね。それぞれどのヤモリか、男《おとこ》にきいてみてくれない？　それで、そのヤモリの写真《しゃしん》を送《おく》ってよ。」

白戸《しらと》さんはリストを見《み》ただけで、男《おとこ》が何《なに》かたくらんでいるのではないかと、気《き》づいたのである。

「よし、わかった。今《いま》きいて、写真《しゃしん》を送《おく》るよ。」

福原警部《ふくはらけいぶ》は、リストのヤモリがどのヤモリか、男《おとこ》に問《と》いただし、すぐに写真《しゃしん》を白戸《しらと》さんに送《おく》った。すると、白戸《しらと》さんが、すぐに電話《でんわ》をかけてきてくれた。

「写真見《しゃしんみ》たよ。これは、まちがいなくヒルヤモリだ！　リストと実物《じつぶつ》がちがっているよ。ドイツでは、日本への持《も》ちこみ

を許可《きょか》していない。持《も》ちこんでもいいヤモリの名前《なまえ》にして、ごまかそうとしているよ。」

男《おとこ》はほかにも何《なん》びきか、ワシントン条約《じょうやく》で禁止《きんし》されているヤモリを、許可《きょか》されているヤモリの名前《なまえ》だとうそを書《か》いていた。ラテン語《ご》で書《か》いて順番《じゅんばん》をめちゃくちゃにしたら、だれもわからないと思《おも》ったのである。

「やっぱりそうだったか。助《たす》かったよ。ありがとな。」

福原警部《ふくはらけいぶ》は、にやりとした。

後日逮捕状《ごじつたいほじょう》を見《み》せると、男《おとこ》はかたをすくめた。

「えへへ、ばれちゃった?」

「当《あ》たり前《まえ》だ。こっちには専門家《せんもんか》がたくさんついているんだ。」

福原警部《ふくはらけいぶ》は、男《おとこ》をにらんだ。

今《いま》や、生《い》きもの係《がかり》を助《たす》けてくれる専門家《せんもんか》は、全国《ぜんこく》にいる。植物《しょくぶつ》の遺伝子《いでんし》を、京都大《きょうとだい》学《がく》の専門家《せんもんか》が調《しら》べてくれたこともある。

(事件《じけん》が解決《かいけつ》できるのは、多《おお》くの人《ひと》たちのおかげだな。)

生《い》き物《もの》たちにあいじょうを持《も》ってせっしている人《ひと》たちの協力《きょうりょく》に、深《ふか》く感謝《かんしゃ》した。

三年後《ねんご》の二〇一六年《ねん》、「平成《へいせい》二十八年警視総監特別賞《ねんけいしそうかんとくべつしょう》」を受賞《じゅしょう》した福原警部《ふくはらけいぶ》は、記念《きねん》品《ひん》として職人《しょくにん》の手《て》による名品《めいひん》である、短刀《たんとう》を授与《じゅよ》された。

警視庁《けいしちょう》のなかで、生《い》き物《もの》をめぐる事件《じけん》の重要性《じゅうようせい》が、しっかりとみとめられたことの、あかしだった。

授賞式《じゅしょうしき》を終《お》え、落《お》ちつくと、福原警部《ふくはらけいぶ》はひとり、ここまでの道《みち》のりに思《おも》いをはせた。

（そういえば生《い》き物《もの》の事件捜査《じけんそうさ》を専門《せんもん》に決《き》めたきっかけは、二十八年前《ねんまえ》のアロワナの事件《じけん》だったなあ。）

それは、昭和時代《しょうわじだい》が終《お》わろうとしていたころのことだ。

ファイル4

アジアアロワナ密《みつ》売《ばい》事《じ》件《けん》

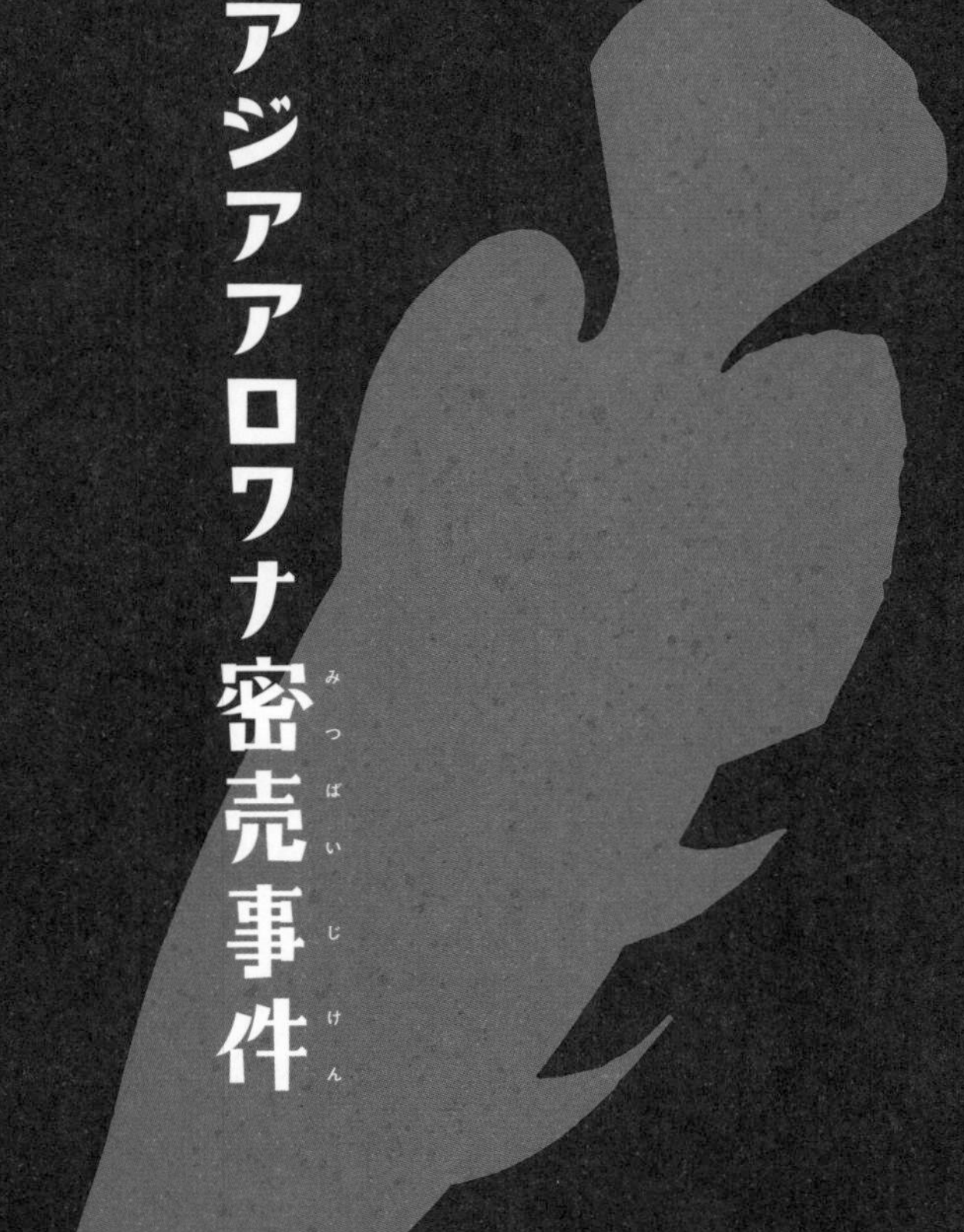

この魚《さかな》は、もしかして？

話《はなし》はずっと前《まえ》にさかのぼり、一九八八年《ねん》（昭和六十三年《しょうわろくじゅうさんねん》）の十二月《がつ》のことである。品川区《しながわく》にある大井署《おおいしょ》で、三十三才《さい》の福原刑事《ふくはらけいじ》は、刑事《けいじ》＊になってそろそろ一年《ねん》がすぎようとしていた。あこがれの刑事《けいじ》になることはできたが、あるなやみがあった。

（自分《じぶん》の得意《とくい》なことは、いったいなんだろうか。）

当時《とうじ》の上司《じょうし》である國村警部《くにむらけいぶ》からは、何《なに》かほかの人《ひと》とちがうことができれば、刑事《けいじ》としてより長《なが》く活《かつ》やくできる、と教《おし》えられていた。たとえば、あやしい人物《じんぶつ》に声《こえ》をかけて質問《しつもん》する職務質問《しょくむしつもん》が得意《とくい》であるとか、似顔絵《にがおえ》をかかせたら右《みぎ》に出《で》る者《もの》がいないとか、あるいは、すばやいスリの動《うご》きを絶対《ぜったい》に見《み》のがさない、などである。

そうした自分《じぶん》にしかできない何《なに》かを、さがしていたときのことだ。ある休日《きゅうじつ》、散歩《さんぽ》がてら、近所《きんじょ》の熱帯魚店《ねったいぎょてん》に飼《か》っている魚《さかな》のえさを買《か》いに行《い》った。この店《みせ》は小《ち》さいが、高《こう》

4 アジアアロワナ密売事件

級《きゅう》な熱帯魚《ねったいぎょ》が多《おお》くいると、ひょうばんの店《みせ》である。つい楽《たの》しくなって、じっくり熱帯魚《ねったいぎょ》たちをながめていた。

すると、ある一ぴきの熱帯魚《ねったいぎょ》に目《め》がとまった。

（あれっ、もしかしてこれ、アジアアロワナじゃないか？　名前《なまえ》は書《か》いてないけど。）

体長《たいちょう》12、3センチメートルの子《こ》どもで、そり返《かえ》った口《くち》と長《なが》い胴体《どうたい》をもち、黒《くろ》い目《め》をしている。いつも読《よ》んでいる熱帯魚《ねったいぎょ》のざっしで見《み》た、アジアアロワナにそっくりだ。

アジアアロワナは、熱帯魚《ねったいぎょ》の王様《おうさま》といわれている。

福原刑事《ふくはらけいじ》は、食《く》いいるように、その魚《さかな》をながめた。

（たしかアジアアロワナを売《う》るのは、違法《いほう》だよな。）

絶滅《ぜつめつ》が心配《しんぱい》され、ワシントン条約《じょうやく》で保護《ほご》されている。そのため、日本でも売《う》り買《か》いは禁止《きんし》されている。

＊刑事《けいじ》…犯罪《はんざい》の捜査《そうさ》を行《おこな》う警察官《けいさつかん》。階級《かいきゅう》としては巡査《じゅんさ》や巡査部長《じゅんさぶちょう》（126ページ）などがそうよばれることが多《おお》い。

アジアアロワナ

アロワナ科《か》
体長《たいちょう》：1m
原産地《げんさんち》：東南《とうなん》アジア

福原刑事《ふくはらけいじ》がじっと見《み》ていると、店長《てんちょう》が近《ちか》づいてきた。体格《たいかく》がよく、太《ふと》いまゆ毛《げ》にぎょろりとした大《おお》きな目《め》をしている。

その店長《てんちょう》は、福原刑事《ふくはらけいじ》が警察官《けいさつかん》であることをまったく知《し》らない。時《とき》どきえさを買《か》いに来《く》る、近所《きんじょ》のお客《きゃく》さんだと思《おも》っている。

福原刑事《ふくはらけいじ》は、何食《なにく》わぬ顔《かお》できいた。

「これ、あれ？」

「そう。ないしょだよ。ほしいの？」

店長《てんちょう》は、人《ひと》さし指《ゆび》をくちびるに当《あ》てると、ささやいた。

「まあね。でも飼《か》うのは、むずかしいんだろう。」

4 アジアアロワナ密売事件

「そうでもないよ。」

店長《てんちょう》は、最後《さいご》までアジアアロワナという単語《たんご》を、口《くち》にしなかった。

しかし、熱帯魚《ねったいぎょ》にくわしい福原刑事《ふくはらけいじ》には、禁止《きんし》されているアジアアロワナだと、見《み》ぬけたのである。

店長《てんちょう》にあやしまれないように店《みせ》を出《で》ると、小《ちい》さくガッツポーズをした。

「これだ！　これを得意分野《とくいぶんや》にしよう！」

今《いま》まで生《い》き物《もの》は、ただすきな対象《たいしょう》でしかなかった。だが、生《い》き物《もの》を守《まも》る法律《ほうりつ》があり、刑事《けいじ》である自分《じぶん》だからこそ、かかわることができるかもしれないのである。こんなうれしいことはないと思《おも》った。

将来《しょうらい》は、生《い》き物《もの》の捜査《そうさ》を専門《せんもん》にしたいと考《かんが》えたのである。

実《じつ》はこの前年《ぜんねん》の一九八七年《ねん》、「譲渡規制法《じょうときせいほう》」という法律《ほうりつ》ができた。

これは、絶滅《ぜつめつ》のおそれのある野生《やせい》の動植物《どうしょくぶつ》を、保護《ほご》するためにつくられた法律《ほうりつ》である。

後《のち》にほかの法律《ほうりつ》と合《あ》わさり、「種《しゅ》の保存法《ほぞんほう》」（48ページ）となった。

この「譲渡規制法《じょうときせいほう》」について本部《ほんぶ》から、勉強《べんきょう》しておくように、といわれた。

（生《い》き物《もの》についての法律《ほうりつ》だな。これなら自分《じぶん》にも理解《りかい》できそうだぞ。）

福原刑事《ふくはらけいじ》は、深《ふか》い興味《きょうみ》をおぼえた。このときは、この法律《ほうりつ》がすぐに捜査《そうさ》の役《やく》に立《た》つとは思《おも》わなかったが、大切《たいせつ》さをひしひしと感《かん》じたのである。

（この法律《ほうりつ》がなかったら、めずらしい生《い》き物《もの》は、人間《にんげん》の手《て》によって、どんどんへってしまうだろう。）

生《い》き物《もの》がへることは、人間社会《にんげんしゃかい》にどんなえいきょうをあたえるのか。生《い》き物《もの》すべての未来《みらい》は、どのような事態《じたい》になるのか。「譲渡規制法《じょうときせいほう》」について勉強《べんきょう》しながら、地球《ちきゅう》の自然環境《しぜんかんきょう》や生態系《せいたいけい》についても、調《しら》べはじめたのである。

この勉強《べんきょう》のおかげで、福原刑事《ふくはらけいじ》は、アジアアロワナが輸入禁止《ゆにゅうきんし》だということを知《し》っていた。すぐに國村警部《くにむらけいぶ》に報告《ほうこく》すると、一も二もなくさんせいしてくれた。

「うん、いいな。そのジャンルは、今《いま》までだれもやったことがない。得意技《とくいわざ》にしろ。」

「はい、わかりました！」

福原刑事《ふくはらけいじ》と生《い》き物《もの》をめぐる事件《じけん》との運命的《うんめいてき》な出会《であ》いだった。

4 アジアアロワナ密売事件

手《て》さぐりで捜査開始《そうさかいし》

福原刑事《ふくはらけいじ》は、いちばんはじめに何《なに》をすべきか、考《かんが》えた。

「アジアアロワナが、自分《じぶん》が思《おも》っているとおり、売《う》り買《か》いが禁止《きんし》かをかくにんしよう。」

すぐに環境庁《かんきょうちょう》（今《いま》の環境省《かんきょうしょう》）の自然保護局《しぜんほごきょく》に、問《と》い合《あ》わせた。ここは、めずらしい生《い》き物《もの》の保護《ほご》を担当《たんとう》している。するとやはり、「アジアアロワナを、売《う》る目的《もくてき》でならべておくこと」は、ワシントン条約《じょうやく》に違反《いはん》することがわかった。

二番目《ばんめ》にすべきことは、何《なに》か。

「あの魚《さかな》が、ただ店《みせ》でお客《きゃく》さんが観賞《かんしょう》するためのものなのか、それともじっさいに売《う》られているのか、はっきりした証拠《しょうこ》がほしい。あの店長《てんちょう》、売《う》っているとは、ひとこともいわなかったからな。」

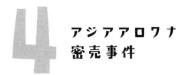

このことをたしかめるために、仲間《なかま》の刑事《けいじ》と二人《ふたり》で、ふたたび熱帯魚店《ねったいぎょてん》をおとずれた。もし売《う》っているのならば、その証拠《しょうこ》をつかみたい。

福原刑事《ふくはらけいじ》が客《きゃく》のふりをしてあの魚《さかな》を見《み》ていると、店長《てんちょう》がよってきて耳打《みみう》ちした。

「うちのは安《やす》いよ。ふつうは、一ぴき四十万円《まんえん》はするんだけど、八万円《まんえん》でいいよ。」

このことばで、売《う》ろうとしていることがはっきりした。

(うん。これで証拠《しょうこ》はつかめたぞ。)

でも、まだ気《き》がかりなことがある。それが、三番目《ばんめ》にすべきことだった。

「あの魚《さかな》が、ほんとうにアジアアロワナかどうか。自分《じぶん》がそう思《おも》っているだけなのではないか。」

福原刑事《ふくはらけいじ》は、魚《さかな》の専門家《せんもんか》ではない。絶対《ぜったい》にまちがえないとはいいきれない。もし売《う》り買《か》いがゆるされている、よく似《に》た魚《さかな》とかんちがいをしていたら、事件《じけん》にならない。日本の法律《ほうりつ》では、証拠《しょうこ》がなければ、逮捕《たいほ》することができないのである。

「そうだ！　専門家《せんもんか》に見《み》てもらおう。」

4 アジアアロワナ密売事件

思《おも》いついたのが、ある自然保護団体《しぜんほごだんたい》だった。野生動植物《やせいどうしょくぶつ》の国際的《こくさいてき》な取《と》り引《ひ》きを調査《ちょうさ》し、記録《きろく》している、特別委員会《とくべついいんかい》の日本支部《しぶ》だ。

この団体《だんたい》には、生《い》き物《もの》に関係《かんけい》する事件《じけん》の情報《じょうほう》が、たくさん集《あつ》まってきていた。そのため、警視庁《けいしちょう》では以前《いぜん》から交流《こうりゅう》があった。

福原刑事《ふくはらけいじ》から事情《じじょう》をきいた自然保護団体《しぜんほごだんたい》の担当《たんとう》者《しゃ》は、とてもよろこんだ。

「わかりました。すぐにたしかめに行《い》ってきます。ようやく生《い》き物《もの》の事件《じけん》について関心《かんしん》をもってくれたんですね。うれしいです。」

しばらくして、その報告《ほうこく》の電話《でんわ》がかかってきた。

「あれは、まちがいなくアジアアロワナですね。密輸《みつゆ》の場合《ばあい》、小《ちい》さな幼魚《ようぎょ》をビニールぶくろやペットボトルに入《い》れて持《も》ちこみます。もし密輸《みつゆ》

ではなく日本がワシントン条約《じょうやく》に参加《さんか》する前《まえ》に輸入《ゆにゅう》されたものだとしたら、もっと大《おお》きくなっているはずです。条約《じょうやく》をむすんだ後《あと》は、日本に一ぴきも輸入《ゆにゅう》されていません。なので、密輸《みつゆ》されたアジアアロワナである可能性《かのうせい》が高《たか》いです。」

「わかりました。やはり、思《おも》っていたとおりです。」

福原刑事《ふくはらけいじ》はていねいにお礼《れい》をいって、受話器《じゅわき》をおいた。

（今《いま》はまだ、アジアアロワナが国内《こくない》で繁殖《はんしょく》＊したという話《はなし》もない。）

このころアジアアロワナの繁殖《はんしょく》は、なかなかうまくいかなかった。オスとメスの相《あい》性《しょう》が大事《だいじ》で、おたがいに気《き》に入《い》らないと、近《ちか》づきもしないのである。ほかにも水質《すいしつ》や水温《すいおん》の管理《かんり》、大《おお》きな水《すい》そうがひつようなことなど、かなりむずかしい。しかも、メスが卵《たまご》を産《う》むとオスが口《くち》の中《なか》で育《そだ》てる、というめずらしい子育《こそだ》てをする。これも人《ひと》の飼《し》育下《いくか》では、なかなかうまくいかない。もし日本で繁殖《はんしょく》にせいこうしたら、大《おお》きく話題《わだい》になっているはずだった。

「さて、いよいよ最後《さいご》にたしかめるのは……。」

4 アジアアロワナ密売事件

疑問点《ぎもんてん》を次《つぎ》つぎ解決《かいけつ》し、のこったのは、登録票《とうろくひょう》のことだった。

福原刑事《ふくはらけいじ》の気持《きも》ちは、期待《きたい》と不安《ふあん》の間《あいだ》をゆれていた。

自分《じぶん》の捜査《そうさ》は、正《ただ》しいのか。それともむだな努力《どりょく》なのか。

（いや、弱気《よわき》になってはだめだ。あきらめてはいけない。）

アジアアロワナは、原則《げんそく》として売《う》り買《か》いが禁止《きんし》されている。しかし、もし環境庁《かんきょうちょう》にとどけていて、登録票《とうろくひょう》を持《も》っていたら違法《いほう》ではない。

「ねんのため、環境庁《かんきょうちょう》にたしかめておこう。」

ふたたび環境庁《かんきょうちょう》に電話《でんわ》で問《と》い合《あ》わせると、職員《しょくいん》がすぐに調《しら》べてくれた。

調査《ちょうさ》のけっか、店長《てんちょう》の名前《なまえ》で登録《とうろく》されたアジアアロワナは、一ぴきもないことがわかった。

「よし。これは、まちがいなく事件《じけん》だ！」

福原刑事《ふくはらけいじ》は、気《き》を引《ひ》きしめた。

＊繁殖《はんしょく》…生《い》き物《もの》が、どんどん産《う》まれ、ふえること。

地道《じみち》な捜査《そうさ》

福原刑事《ふくはらけいじ》の報告《ほうこく》により、警視庁本部保安課《けいしちょうほんぶほあんか》が大井署《おおいしょ》をサポートする、合同捜査《ごうどうそうさ》の形《かたち》で捜査《そうさ》が始《はじ》まった。この事件《じけん》は、社会《しゃかい》にあたえるえいきょうが大《おお》きいとはんだんされたからだ。

ところが、よく年《とし》の一九八九年《ねん》になって間《ま》もなく、昭和天皇《しょうわてんのう》が崩御《ほうぎょ》*した。そのため警察官《けいさつかん》は、外国《がいこく》からの重要人物《じゅうようじんぶつ》の警護《けいご》につくなど、式典《しきてん》をめぐるさまざまな仕事《しごと》があり、捜査《そうさ》は一時中断《いちじちゅうだん》された。その間《あいだ》も福原刑事《ふくはらけいじ》は、時《とき》どき熱帯魚店《ねったいぎょてん》をおとずれ、アジアアロワナの様子《ようす》をさぐった。アジアアロワナはかわらず、水《すい》そうでゆうがに泳《およ》いでいた。名前《なまえ》もねだんもないままだった。

三か月後《げつご》、春《はる》になってからようやく捜査《そうさ》が始《はじ》まった。

4 アジアアロワナ密売事件

福原刑事《ふくはらけいじ》たちは熱帯魚店《ねったいぎょてん》のそばではりこみ、店《みせ》に出入《でい》りする人《ひと》びとの顔《かお》ぶれをかくにんすることになった。

すると、埼玉県《さいたまけん》の問屋《とんや》の男《おとこ》が、たびたび来《き》ていることがわかった。さらにアジアアロワナのマニアが、何人《なんにん》も出入《でい》りしていることもつかめた。

「あのアジアアロワナが、この店《みせ》で産《う》まれたという情報《じょうほう》はない。もしかしたら、あの問屋《とんや》から買《か》いとったのではないか？」

もしそうであるなら、「譲渡規制法《じょうときせいほう》」違反《いはん》に当《あ》たる。

捜査本部《そうさほんぶ》は、熱帯魚店《ねったいぎょてん》の家宅捜索《かたくそうさく》＊を行《おこな》い、アジアアロワナを証拠《しょうこ》として保護《ほご》することになった。

家宅捜索《かたくそうさく》を行《おこな》うためには、裁判所《さいばんしょ》に書類《しょるい》を提出《ていしゅつ》し、令状《れいじょう》を出《だ》してもらわなければならない。

チームのなかには、はたして令状《れいじょう》が出《で》るかどうか、心配《しんぱい》する声《こえ》があった。

このころは、希少動物《きしょうどうぶつ》についての保護《ほご》など、ほとんど考《かんが》えられていない時代《じだい》だった

＊崩御《ほうぎょ》…天皇《てんのう》などを敬《うやま》ってその死去《しきょ》を表《あらわ》すことば。
＊家宅捜索《かたくそうさく》…警察官《けいさつかん》などが犯人《はんにん》や証拠《しょうこ》をもとめ、家《いえ》や店《みせ》の内外《ないがい》をさがすこと。

からだ。ひがい者《しゃ》が人間《にんげん》ではなく、熱帯魚《ねったいぎょ》だということは、「ひがい者《しゃ》がそんざいしない」のと同《おな》じだった。「たかが生《い》き物《もの》」と思《おも》われていたのである。

しかし福原刑事《ふくはらけいじ》は、どうしても捜索令状《そうさくれいじょう》を出《だ》してもらいたかった。

「捜査記録《そうさきろく》は、よりくわしく作成《さくせい》しよう。」

まとめた書類《しょるい》を持《も》ち裁判所《さいばんしょ》へ行《い》くと、書記官《しょきかん》にわたした。書記官《しょきかん》は、かくにんした上《うえ》で、わたされた書類《しょるい》を、裁判官《さいばんかん》にわたす。裁判官《さいばんかん》はそれらを審査《しんさ》し、捜索令状《そうさくれいじょう》を出《だ》すのである。

福原刑事《ふくはらけいじ》は、もどかしい思《おも》いでけっかを待《ま》った。

およそ二時間後《じかんご》、書記官《しょきかん》が一まいの紙《かみ》を持《も》ってきた。

「はい、許可《きょか》が下《お》りましたよ。」

「えっ、こんなに早《はや》く？　てっきり何《なに》かきかれるかと思《おも》いました。」

案外《あんがい》すんなり下《お》りたので、ひょうしぬけした。

（生《い》き物《もの》に理解《りかい》のある裁判官《さいばんかん》に当《あ》たったのかもしれない。運《うん》がよかったな。）

このとき、その裁判官《さいばんかん》がどんな人《ひと》なのかは、わからなかった。

ただ捜索令状《そうさくれいじょう》が出《だ》されたことだけがうれしく、急《いそ》いで署《しょ》にもどった。

いよいよ家宅捜索《かたくそうさく》だ！

一九八九年《ねん》四月《がつ》。

熱帯魚店《ねったいぎょてん》の家宅捜索《かたくそうさく》が、行《おこな》われることになった。

福原刑事《ふくはらけいじ》には、大《おお》きな心配《しんぱい》がひとつあった。

（もし捜索《そうさく》の日《ひ》、店《みせ》にアジアアロワナがいなかったら、事件《じけん》にはならない。）

今《いま》まで何度《なんど》か店《みせ》に行《い》き観察《かんさつ》していたので、刑事《けいじ》であることが店長《てんちょう》にばれているかもしれないのだ。

（その場合《ばあい》、自分《じぶん》のすがたを見《み》ただけで、すばやくアロワナをかくすな。あるいは、もうかくしてしまった可能性《かのうせい》もある。）

それでは、先《せん》ぱいや仲間《なかま》と進《すす》めてきた捜査《そうさ》の苦労《くろう》が、むだになってしまう。仲間《なかま》の手前《てまえ》、自分《じぶん》もはじをかく。

法律違反《ほうりついはん》だとわかっていても、証拠《しょうこ》がなければ、逮捕《たいほ》はできないのである。

そんな不安《ふあん》をかかえながら福原刑事《ふくはらけいじ》は、捜索《そうさく》の前《まえ》の夜《よる》、アジアアロワナの写真《しゃしん》がのっている熱帯魚《ねったいぎょ》のざっしを見《み》ていた。

(たのむから、あの熱帯魚店《ねったいぎょてん》の水《すい》そうにいてくれよ。)

あまりにも真《しん》けんな顔《かお》つきだったせいか、おくさんの逸子《いつこ》さんが、ページをのぞきこんできた。

「あらっ。この魚《さかな》、なんていうの?」

「これは、アジアアロワナだよ。」

「そう。今日《きょう》の夕方《ゆうがた》、あなたがよく行《い》く熱帯魚店《ねったいぎょてん》で見《み》たわ。」

「えっ! ほんとか?」

思《おも》わず身《み》を乗《の》りだしそうになった。

「買《か》い物《もの》に出《で》たついでに、あの熱帯魚店《ねったいぎょてん》によったのよ。えさがないといっていたでしょ。」

「ああ、そうか。」

福原刑事《ふくはらけいじ》は、

（いいぞ！）

と、心《こころ》のなかでさけんだ。ふだんは熱帯魚《ねったいぎょ》にあまり興味《きょうみ》をもたない逸子《いつこ》さんが、今日《きょう》にかぎってえさを買《か》いに行《い》っていたとは、運《うん》がいい。

よく日《じつ》、チームは一丸《いちがん》となり、熱帯魚店《ねったいぎょてん》にふみこんだ。

とつぜんあらわれた刑事《けいじ》たちを見《み》て、店長《てんちょう》はあきれた顔《かお》をした。

「こんなことで来《く》るなんて、うそみたいだ。」

家宅捜索《かたくそうさく》にかかった時間《じかん》は、およそ二時間《じかん》。作業《さぎょう》は無事《ぶじ》に終《お》わった。

保護《ほご》したアジアアロワナは、店《みせ》から少《すこ》しはなれた場所《ばしょ》で待機《たいき》していた動物園《どうぶつえん》の職員《しょくいん》にわたした。

「一時的《いちじてき》ですが、あずかってもらえて助《たす》かりました。」

福原刑事《ふくはらけいじ》はほっとし、職員《しょくいん》にお礼《れい》をつたえた。しかし、これから先《さき》がたいへんである。

アジアアロワナはいったいだれがどこから、この店《みせ》に持《も》ちこんだのか。どれだけの人間《にんげん》が、この事件《じけん》にかかわっているのか。そのすべてを捜査《そうさ》しなければならなかったのだ。

たかが生《い》き物《もの》？

店長《てんちょう》は、やはりよく店《みせ》に出入《でい》りしていた問屋《とんや》からアジアアロワナを仕入《しい》れていた。

家宅捜索《かたくそうさく》で証拠《しょうこ》として持《も》ち帰《かえ》った書類《しょるい》などから、アジアアロワナを売《う》り買《か》いした事実《じじつ》がわかったのである。これが、動《うご》かぬ証拠《しょうこ》となった。

次《つぎ》は、店長《てんちょう》や問屋《とんや》を逮捕《たいほ》するための逮捕状《たいほじょう》の請求《せいきゅう》である。前回《ぜんかい》は捜索令状《そうさくれいじょう》だったが、逮捕状《たいほじょう》となれば、裁判所《さいばんしょ》がすんなり出《だ》してくれるかどうか、わからなかった。

4 アジアアロワナ密売事件

福原刑事《ふくはらけいじ》は、捜索令状《そうさくれいじょう》のときより、さらにくわしく経過《けいか》をまとめた。いつどのようにして、アジアアロワナを発見《はっけん》したか。なぜそのアジアアロワナを、売《う》り買《か》いが違法《いほう》な魚《さかな》だとはんだんしたか。今後《こんご》このような事件《じけん》がふえると、人類《じんるい》の未来《みらい》はどうなってしまうのか、など。

必死《ひっし》に作成《さくせい》した書類《しょるい》をふろしきでつつむと、ひとかかえもあった。

福原刑事《ふくはらけいじ》の思《おも》いをよそに、ほかの部署《ぶしょ》からこんな声《こえ》が投《な》げかけられた。

「たかが生《い》き物《もの》ぐらいで逮捕状《たいほじょう》を取《と》るのか。」

「もっと人間《にんげん》の命《いのち》にかかわるような重要《じゅうよう》な事件《じけん》の捜査《そうさ》をしろ。」

これまで生《い》き物《もの》をめぐる事件《じけん》で、逮捕者《たいほしゃ》を出《だ》したことは、記《き》おくにない。

福原刑事《ふくはらけいじ》は、落《お》ちこんだ。

（人《ひと》はだれもなくなっていない。でも、このまま絶滅《ぜつめつ》する生《い》き物《もの》を放《ほう》っておくと、ほかの生《い》き物《もの》にもえいきょうし、自然《しぜん》がはかいされてしまう。子《こ》どもたちの代《だい》になったとき、世界《せかい》がどうなってもいいのか。）

なやんでいると、國村警部《くにむらけいぶ》がはげましてくれた。

「気《き》にするな。事件《じけん》の後《うし》ろに、何《なに》がかくれているかわからないから、やってみろ。」

「わかりました。もうまよいません！」

上司《じょうし》のことばに勇気《ゆうき》づけられ、福原刑事《ふくはらけいじ》は裁判所《さいばんしょ》へ行《い》った。家宅捜索令状《かたくそうさくれいじょう》のときと同《おな》じだ。しかし、今《いま》までに例《れい》がないので、書記官《しょきかん》にはとてもていねいに説明《せつめい》した。

（ここで逮捕状《たいほじょう》が出《で》なかったら、すべて終《お》わりだな。）

福原刑事《ふくはらけいじ》は、不安《ふあん》だった。

およそ二時間後《じかんご》、書記官《しょきかん》が来《き》た。一まいの紙《かみ》を持《も》っている。

「逮捕状《たいほじょう》、出《で》たんですね！」

一気《いっき》にきんちょうがほどけた。

と、そのときだった。5、6メートルほどはなれたところにある、裁判官《さいばんかん》の部屋《へや》のとびらが開《ひら》いた。

（あっ、裁判官《さいばんかん》だ。あの人《ひと》が出《だ》してくれたのか？）

以前《いぜん》に捜索令状《そうさくれいじょう》を出《だ》してくれたのも、この人《ひと》だった。その裁判官《さいばんかん》は五十才《さい》すぎの男《だん》

性《せい》で、学校《がっこう》の先生《せんせい》のような、まじめでやさしそうな人《ひと》だった。

（あの人《ひと》も、生《い》き物《もの》がすきなのかもしれないな。）

福原刑事《ふくはらけいじ》は深《ふか》く感謝《かんしゃ》し、そっと頭《あたま》を下《さ》げた。多《おお》くの人《ひと》が、事件《じけん》の解決《かいけつ》にかかわっているのだった。

よく日《じつ》、捜査本部全員《そうさほんぶぜんいん》で熱帯魚店《ねったいぎょてん》に乗《の》りこんだ。

福原刑事《ふくはらけいじ》は、令状《れいじょう》を目《め》の前《まえ》につきつけた。

「逮捕《たいほ》だ！」

店《みせ》のおくでのんびりとかまえていた店長《てんちょう》は、ぎょろ目《め》を大《おお》きく見開《みひら》き、後《あと》ずさりをした。

「ま、まさか、逮捕《たいほ》までされるとは思《おも》わなかった！」

たかが熱帯魚《ねったいぎょ》のことで、警察《けいさつ》がそこまでやるはずがないと、見《み》くびっていたのだ。自分《じぶん》がやっていることに、あまり罪《つみ》の意識《いしき》がなかったのである。

それも当然《とうぜん》のことだった。なにしろ、こうした事件《じけん》での逮捕《たいほ》は、日本全国《ぜんこく》でとてもめずらしかったからだ。

（やっとここまできた……。）

店長《てんちょう》から仕入《しい》れ先《さき》の埼玉県《さいたまけん》にある問屋《とんや》の名前《なまえ》をききだすことにも、せいこうした。ところが、この問屋《とんや》は逮捕《たいほ》されると反省《はんせい》するどころか、

「うちより、もっと大《おお》がかりに、アジアアロワナを売《う》っているところがあるよ。そっちも逮捕《たいほ》したら。」

と、いいだしたのである。

「あきれたやつだな。じゃあ、その店《みせ》はどこだ？」

と、問《と》いただし、福原刑事《ふくはらけいじ》は東京都《とうきょうと》にある、ペットショップを経営《けいえい》する男《おとこ》に行《い》きついた。

この男《おとこ》は事件《じけん》の前年《ぜんねん》に、横浜《よこはま》の税関《ぜいかん》に調《しら》べられたことがあった。しかしそのとき、ア

ジアアロワナを入《い》れた大《おお》きなビニールぶくろに、わざと水草《みずくさ》を入《い》れて見《み》えづらくし、税《ぜい》関《かん》の職員《しょくいん》が何《なん》びきかは見《み》のがすようにしたのである。そのとき見《み》のがされたアジアアロワナを、一ぴき数万《すうまん》から三十万円《まんえん》で売《う》っていた。

事件解決《じけんかいけつ》

「これで、アジアアロワナの密売《みつばい》*ルートはすべてわかったな。」

「ああ。こんなに広《ひろ》い地域《ちいき》にわたっているとは、思《おも》わなかった。」

男《おとこ》が売《う》った先《さき》は関東地方《かんとうちほう》や沖縄《おきなわ》など、一都《と》七県《けん》におよんでいた。最終的《さいしゅうてき》には九《ここの》つの店《みせ》が密売《みつばい》を行《おこな》っていたことがわかり、四名《めい》を逮捕《たいほ》したのである。保護《ほご》したアジアアロワナは、合計《ごうけい》七十一ぴきだった。

この七十一ぴきは、まさに「生《い》きた証拠品《しょうこひん》」である。後《のち》に裁判《さいばん》になったとき、提出《ていしゅつ》される。大事《だいじ》に保管《ほかん》しておかなければならないが、警視庁《けいしちょう》には大量《たいりょう》の魚《さかな》を保管《ほかん》できる

*密売《みつばい》…法律《ほうりつ》を守《まも》らず、こっそり売《う》ること。

場所《ばしょ》はない。

福原刑事《ふくはらけいじ》は、すぐに関係《かんけい》する役所《やくしょ》や、東京都《とうきょうと》の動物園《どうぶつえん》の担当者《たんとうしゃ》たちとじっくり話《はな》し合《あ》いをした。

「展示《てんじ》して、より多《おお》くの人《ひと》たちに見《み》てもらえるよう、やはりうちに来《き》てもらうのが、いちばんいいのではないですか。」

「そのとおりですね。」

動物園《どうぶつえん》の担当者《たんとうしゃ》のことばに、全員《ぜんいん》がさんせいした。

アジアアロワナたちはすべて東京都《とうきょうと》の動物園《どうぶつえん》に引《ひ》き取《と》られ、そこからまた何《なん》びきかは、べつの水族館《すいぞくかん》へもらわれていった。

これでようやく、アジアアロワナ密売事件《みつばいじけん》は、終了《しゅうりょう》したのである。

解決後《かいけつご》、福原刑事《ふくはらけいじ》は動物園《どうぶつえん》に足《あし》を運《はこ》んだ。アジアアロワナたちは大《おお》きな水《すい》そうの中《なか》で、何《なに》ごともなかったかのように、ゆうゆうと泳《およ》いでいた。

4 アジアアロワナ密売事件

（ごめんよ。人間《にんげん》の勝手《かって》でこんなところにつれてきてしまって。）

心《こころ》のなかで、やさしく語《かた》りかけた。

このころから福原刑事《ふくはらけいじ》は、自分《じぶん》が知《し》らない、めずらしい動植物《どうしょくぶつ》の事件《じけん》が起《お》きると、かならず国会図書館《こっかいとしょかん》へ行《い》き、本《ほん》や図鑑《ずかん》などで調《しら》べるようになった。この時代《じだい》は、まだインターネットはなく、図書館《としょかん》で調《しら》べるのが、いちばん早《はや》い方法《ほうほう》だったからだ。

さらにわからない場合《ばあい》は、専門家《せんもんか》や大学《だいがく》の学者《がくしゃ》の元《もと》へ教《おし》えをこいに行《い》った。

生《い》き物《もの》についての事件《じけん》を起《お》こす者《もの》たちはみな生《い》き物《もの》がすきで、ほうふな知識《ちしき》をもっている。そのため、かれらと同《おな》じか、それ以上《いじょう》の知識《ちしき》をもたなければ、取《と》り調《しら》べや犯人逮捕《はんにんたいほ》のとき、相手《あいて》に軽《かる》くみられてしまうのだ。

この努力《どりょく》の積《つ》み重《かさ》ねのおかげで、福原刑事《ふくはらけいじ》は専門家《せんもんか》もおどろくような知識《ちしき》をもつようになった。

その後《ご》、福原刑事《ふくはらけいじ》は、警部補《けいぶほ》になった。そして、アジアアロワナの事件《じけん》から十三年《ねん》後《ご》の二〇〇二年《ねん》十月《がつ》、ようやく警視庁《けいしちょう》に「生活環境課《せいかつかんきょうか》」ができたのである。その八か月後《げつご》に起《お》きたのが、レッサーパンダ盗難事件《とうなんじけん》（ファイル1）であった。

生《い》き物《もの》にかかわる事件《じけん》が、へることはない。これからしょうかいする事件《じけん》は、スローロリスやヒルヤモリをめぐる事件《じけん》の後《あと》、二〇一〇年代《ねんだい》に起《お》きた、最近《さいきん》の事件《じけん》である。

生《い》きもの係《がかり》 メモ

警察官《けいさつかん》の階級《かいきゅう》

警察官《けいさつかん》の階級《かいきゅう》をみてみましょう。

警視総監《けいしそうかん》
警視庁《けいしちょう》のトップ。一人《ひとり》しかいない。

警視監《けいしかん》
警視庁《けいしちょう》の部長《ぶちょう》など。

警視長《けいしちょう》
各都道府県《かくとどうふけん》にある警察本部《けいさつほんぶ》の部長《ぶちょう》。

警視正《けいしせい》
大《おお》きな警察署《けいさつしょ》の署長《しょちょう》など。

警視《けいし》
警察署《けいさつしょ》の署長《しょちょう》など。

警部《けいぶ》
警視庁《けいしちょう》や警察本部《けいさつほんぶ》の係長《かかりちょう》。

警部補《けいぶほ》
警察本部《けいさつほんぶ》の主任《しゅにん》など。現場《げんば》の責任者《せきにんしゃ》。

巡査部長《じゅんさぶちょう》
現場《げんば》で警部《けいぶ》、警部補《けいぶほ》をささえる。

巡査《じゅんさ》
交番《こうばん》や駐在所《ちゅうざいしょ》に勤務《きんむ》。

5 ファイル

コツメカワウソ売《う》りこみ事件《じけん》

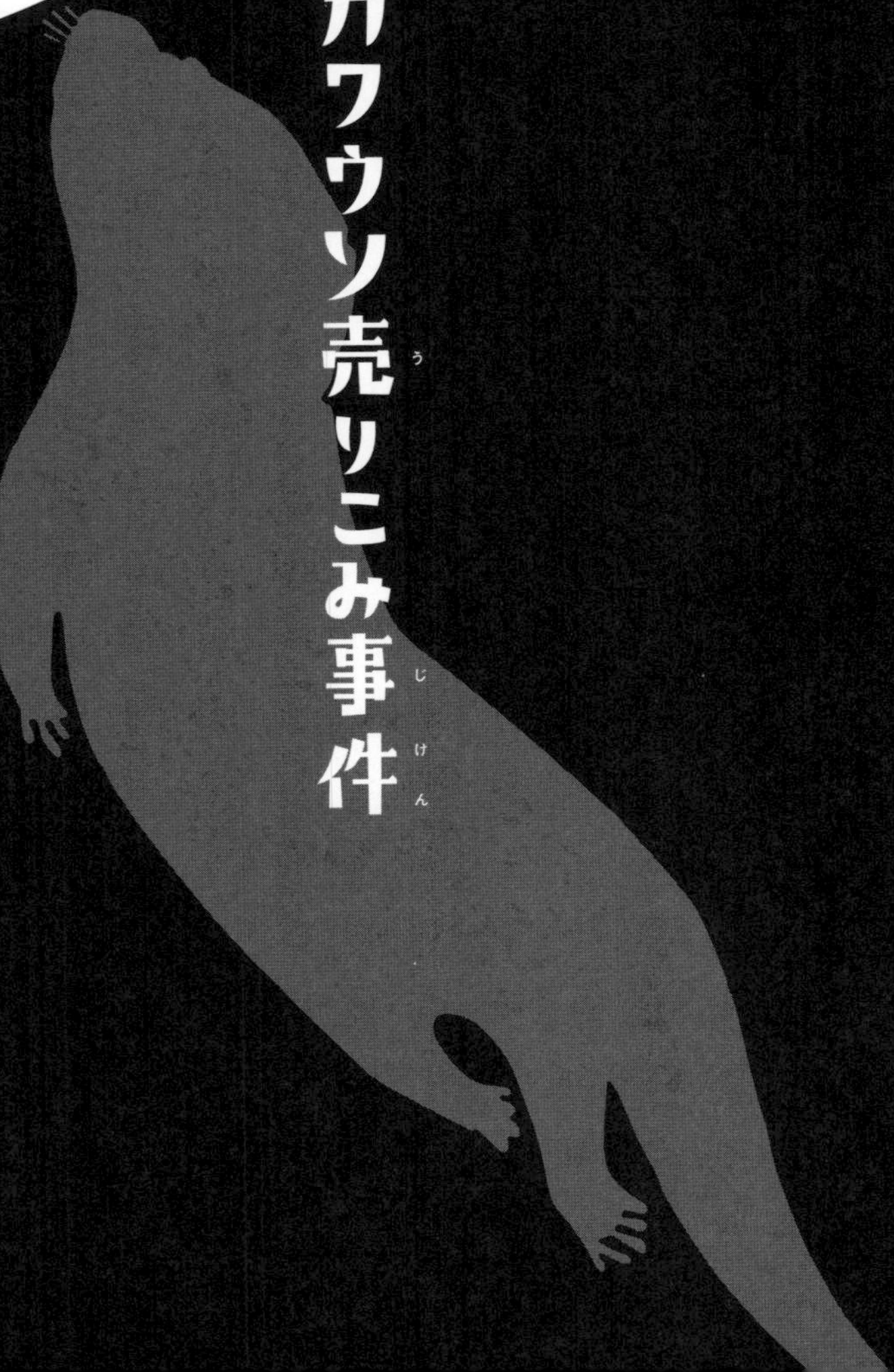

逮捕《たいほ》された大学生《だいがくせい》

アジアアロワナの事件《じけん》から二十八年後《ねんご》の二〇一七年《ねん》十月《がつ》。生《い》きもの係《がかり》の人数《にんずう》は、六十二才《さい》の福原警部《ふくはらけいぶ》をふくめ六名《めい》だ。

スマートフォンでインターネットのニュースを見《み》ていた福原警部《ふくはらけいぶ》が、なげくようにいった。

「なんてことだ。タイのバンコクでつかまったよ。」

「ええっ、だれがつかまったんですか？」

黒川警部補《くろかわけいぶほ》は書類《しょるい》を作成《さくせい》していた手《て》をとめ、顔《かお》を上《あ》げた。

「ふつうの大学生《だいがくせい》だ。コツメカワウソの赤《あか》ちゃんを、十ぴきも竹《たけ》かごに入《い》れて、密輸《みつゆ》しようとしたんだ。かわいいからペットにしようとして市場《いちば》で買《か》ったといっているんだが、

コツメカワウソ
イタチ科《か》　体長《たいちょう》：45～61㎝
原産地《げんさんち》：南《みなみ》アジア、東南《とうなん》アジア、東《ひがし》アジアの一部《いちぶ》の地域《ちいき》

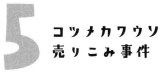

5 コツメカワウソ売りこみ事件

おかしいだろう。」

「そうですね。ふつうの大学生《だいがくせい》が十ぴきも、手《て》に入《い》れられるわけがありませんね。」

タイでカワウソは、絶滅《ぜつめつ》のおそれがあるため、つかまえることも売《う》り買《か》いも法律《ほうりつ》で規制《きせい》している。輸出《ゆしゅつ》には特別《とくべつ》な許可《きょか》がひつようだ。監視《かんし》もきびしく、どうどうと取《と》り引《ひ》きする業者《ぎょうしゃ》はいないはずだ。日本への許可《きょか》をえた正式《せいしき》な輸出《ゆしゅつ》もここ二、三十年《ねん》は、行《おこな》われていない。しかし、禁止《きんし》されているというのに、日本にはペットにしたがる人《ひと》が多《おお》くいる。

とくに、ほかのカワウソにくらべて体《からだ》が小《ちい》さいコツメカワウソは、人気《にんき》だ。体《からだ》の長《なが》さは尾《お》をのぞき45～60センチメートル、体重《たいじゅう》は4～5キログラムである。カニをえさにしているため、石《いし》のすき間《ま》など、せまいところに手《て》をつっこむ習性《しゅうせい》がある。そのあいらしい動作《どうさ》が人気《にんき》となり、とらえられることがふえていた。

二〇一七年《ねん》には、東南《とうなん》アジアで保護《ほご》されたカワウソ四十五ひき中《ちゅう》、三十二ひきが、タイから日本へ密輸《みつゆ》されようとしていたものだった。日本では、一ぴき八十万《まん》から百六《ひゃく》十万円《まんえん》で売《う》られている。そんな高《たか》いねだんでも、買《か》いたい人《ひと》がいるということが、違《い》法《ほう》な輸出《ゆしゅつ》を生《う》みだしている。

福原警部《ふくはらけいぶ》は、頭《あたま》をなやませていた。

「日本では高《たか》く売《う》れるのに、バンコクの市場《いちば》では、一万《まん》から三万円《まんえん》で買《か》えてしまうからな。」

「ついこの間《あいだ》まで、たったの三千円《ぜんえん》でした。」

黒川警部補《くろかわけいぶほ》も、顔《かお》をしかめた。

バンコクの市場《いちば》には、ペット用《よう》の小動物《しょうどうぶつ》が売《う》られているエリアがある。ショーウインドーにハリネズミやミーアキャット、カメやサルまで、ならんでいるのである。以前《いぜん》はここに、カワウソもならんでいたが、禁止《きんし》されてからは見《み》かけなくなった。

しかし、福原警部《ふくはらけいぶ》は知《し》っていた。

5 コツメカワウソ売りこみ事件

「最近《さいきん》は、犯罪《はんざい》と関係《かんけい》のない人《ひと》たちが、SNS《エスエヌエス》*などで犯罪《はんざい》とつながりやすくなっているからな。大学生《だいがくせい》はペットにしようとしたといっているが、うらであやつっているやつがいるにちがいないんだ。どうにかしないと。」

ほかにも関西国際空港《かんさいこくさいくうこう》で、五十代《だい》の男《おとこ》がカワウソを密輸《みつゆ》しようとして見《み》つかるなど、カワウソに関係《かんけい》する事件《じけん》は多《おお》かった。

「このへんで手《て》を打《う》たなければ、ますます事件《じけん》はふえるな。」

福原警部《ふくはらけいぶ》は、うらで動《うご》く犯人《はんにん》たちをつかまえるチャンスをねらっていた。

待《ま》ちぶせ

二〇一八年《ねん》十月《がつ》のことである。

東京都内《とうきょうとない》の小動物《しょうどうぶつ》とふれあえるカフェの店長《てんちょう》から、生《い》きもの係《がかり》に電話《でんわ》がきた。

警視庁本部《けいしちょうほんぶ》に生《い》き物《もの》を専門《せんもん》に捜査《そうさ》する課《か》があることは、だいぶ知《し》れわたっている。

*SNS《エスエヌエス》…「ソーシャル・ネットワーキング・サービス」の略《りゃく》。インターネットを利用《りよう》し、いろいろな人《ひと》と交流《こうりゅう》ができるサービスのこと。

そのため店長《てんちょう》は、直接生《ちょくせつい》きもの係《がかり》にかけてきたのである。

話《はなし》を聞《き》いて福原警部《ふくはらけいぶ》は、せすじをのばした。

「それはすごいことです。ぜひ協力《きょうりょく》をお願《ねが》いします。」

電話《でんわ》で聞《き》いた内容《ないよう》は、すぐに全員《ぜんいん》につたえられた。

「カフェの店長《てんちょう》の話《はなし》では、『カワウソを四ひき買《か》わないか』と、わかい男《おとこ》から電話《でんわ》があったそうだ。

でも店長《てんちょう》は、そんなことができるのかとあやしく思《おも》って、どこで仕入《しい》れたかきいた。すると、『友《とも》だちのところで産《う》まれたものをもらった。今度店《こんどみせ》に持《も》っていく』といったので、これは密輪《みつゆ》の売《う》りこみだと、ぴんときたそうだ。カワウソは繁殖《はんしょく》がむずかしく、その繁殖《はんしょく》を行《おこな》った人《ひと》がわからない場合《ばあい》は、密輪《みつゆ》の可能性《かのうせい》がとても高《たか》い。」

警部《けいぶ》はそこで少《すこ》し間《ま》をおいてから、みんなの顔《かお》を見《み》た。

「いいか。このチャンスをのがすなよ。」

「はい!」

生《い》きもの係《がかり》は全員《ぜんいん》、短《みじか》く返事《へんじ》をした。

それから福原警部《ふくはらけいぶ》たちは、店長《てんちょう》と細《こま》かいところまで打《う》ち合《あ》わせをした。わかい男《おとこ》に、コツメカワウソを持《も》ってこさせて、待《ま》ちぶせをし、かならず逮捕《たいほ》しなければならない。しかし、相手《あいて》はどんな人間《にんげん》かわからない。ひとりで来《く》るか、数名《すうめい》で来《く》るのかもはっきりしない。何《なに》かあぶない物《もの》を持《も》っているかもしれない。まさに危険《きけん》と、となり合《あ》わせだ。

はたして、うまく逮捕《たいほ》できるのだろうか。

三日後《みっかご》。

福原警部《ふくはらけいぶ》と黒川警部補《くろかわけいぶほ》たちは、店《みせ》のうらの部屋《へや》で待《ま》ちかまえた。店《みせ》には、生《い》きもの係《がかり》でただひとりの女性警察官《じょせいけいさつかん》がエプロンをつけ、スタッフのふりをしていた。ぴーんとはりつめた空気《くうき》が流《なが》れていた。わかい男《おとこ》が、店長《てんちょう》に来《く》るとやくそくしたのは、店《みせ》がオープンする十一時《じ》だ。

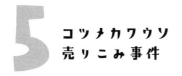

十一時《じ》を数分《すうふん》すぎたとき、自動《じどう》ドアが、開《ひら》いた。

（来《き》たな。）

わかい男《おとこ》がたったひとりで、段《だん》ボール箱《ばこ》を持《も》って入《はい》ってきた。

すき間《ま》からのぞいていた福原警部《ふくはらけいぶ》は、男《おとこ》の顔《かお》をじっと見《み》た。二十才《はたち》すぎだろうか。悪《わる》いことをしているような顔《かお》には見《み》えない。明《あか》るくのんきな表情《ひょうじょう》をしている。

（こちらの動《うご》きは、ばれていないな。）

うらでは全員息《ぜんいんいき》をころし、聞《き》き耳《みみ》を立《た》てている。

店長《てんちょう》が出《で》てくると、わかい男《おとこ》はいった。

「カワウソ、持《も》ってきたよ。」

買《か》ってくれるとしんじているのだろう。

店長《てんちょう》は、いかりをおさえきれずに、ややむくれた顔《かお》をした。

「どこの国《くに》のカワウソ？　あのね、カワウソって、国《くに》によってもっている病気《びょうき》がちがうんだよ。予防接種《よぼうせっしゅ》とか、してあるの」

5 コツメカワウソ売りこみ事件

わかい男《おとこ》は、まごまごしだした。

「あのう、たぶんタイじゃないかな。」

「タイ？　どうやって仕入《しい》れたんだ？　禁止《きんし》されているはずだよ。」

「えーと。それは、まあ、ちょっと知《し》り合《あ》いがいて、やらないかっていわれて。」

「それで、密輸《みつゆ》したのか？」

「そう。まあ、もうかりそうだから。ははは。」

わかい男《おとこ》が、気楽《きらく》にわらった。

そのとき、福原警部《ふくはらけいぶ》の目《め》がするどく光《ひか》った。

（あっさり密輸《みつゆ》をみとめたな。）

「よし、今《いま》だ。行《い》け！」

全員《ぜんいん》が店《みせ》になだれこみ、あっという間《ま》に、わかい男《おとこ》は取《と》りかこまれた。

「うわっ。なんだ？」

後《うし》ろにいた福原警部《ふくはらけいぶ》が、一歩前《いっぽまえ》に出《で》た。

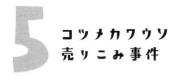

5 コツメカワウソ売りこみ事件

「警察《けいさつ》だ。君《きみ》は、動物《どうぶつ》はん売《ばい》のとどけ出《で》をしているの？　していないと、動物愛護法《どうぶつあいごほう》違反《いはん》だよ。」

やさしい声《こえ》だが、はく力《りょく》があった。ゆるすものかという強《つよ》い思《おも》いをふくんでいる。

「とどけてない。へへ。」

わかい男《おとこ》は、半分《はんぶん》わらいながら、かたをすぼめた。

輸入《ゆにゅう》が禁止《きんし》された生《い》き物《もの》を無許可《むきょか》で持《も》ちこんだ罪《つみ》により、わかい男《おとこ》は逮捕《たいほ》された。

その後《ご》の取《と》り調《しら》べで、タイのバンコクからの運《はこ》び屋《や》の男《おとこ》がいることがわかった。わかい男《おとこ》は、この男《おとこ》にカワウソを売《う》るように命令《めいれい》されたが、生《い》き物《もの》の取《と》り引《ひ》きをしたことがないので、どこへ売《う》っていいかわからない。そこであちこち電話《でんわ》をかけ売《う》りこんだため、密輸《みつゆ》が明《あか》るみに出《で》たのだった。

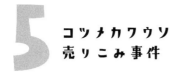

福原警部《ふくはらけいぶ》は、なんの知識《ちしき》もないまま生《い》き物《もの》を運《はこ》ぶという、気軽《きがる》さを心配《しんぱい》している。その気軽《きがる》さが、生《い》き物《もの》の命《いのち》をうばうことにもなるからだ。

「運《はこ》んでいる商品《しょうひん》が、薬物《やくぶつ》や銃《じゅう》といった危険《きけん》な物《もの》ではないから、ついアルバイト感覚《かんかく》でやってしまうんだ。でも、絶対《ぜったい》だめだ！」

このわかい男《おとこ》の携帯《けいたい》にのこされたメールから、さらに黒《くろ》まくがいるらしいことはわかったが、男《おとこ》はがんとして、その黒《くろ》まくについてしゃべらなかった。

「ああ、ざんねんだ。」

福原警部《ふくはらけいぶ》は、とてもくやしがった。そして、生《い》き物《もの》ならだいじょうぶ、という軽《かる》い気持《きも》ちで犯罪《はんざい》にまきこまれる人《ひと》がいなくなることを、切《せつ》にねがった。

6 ファイル

アマミイシカワガエル密《みつ》猟《りょう》事《じ》件《けん》

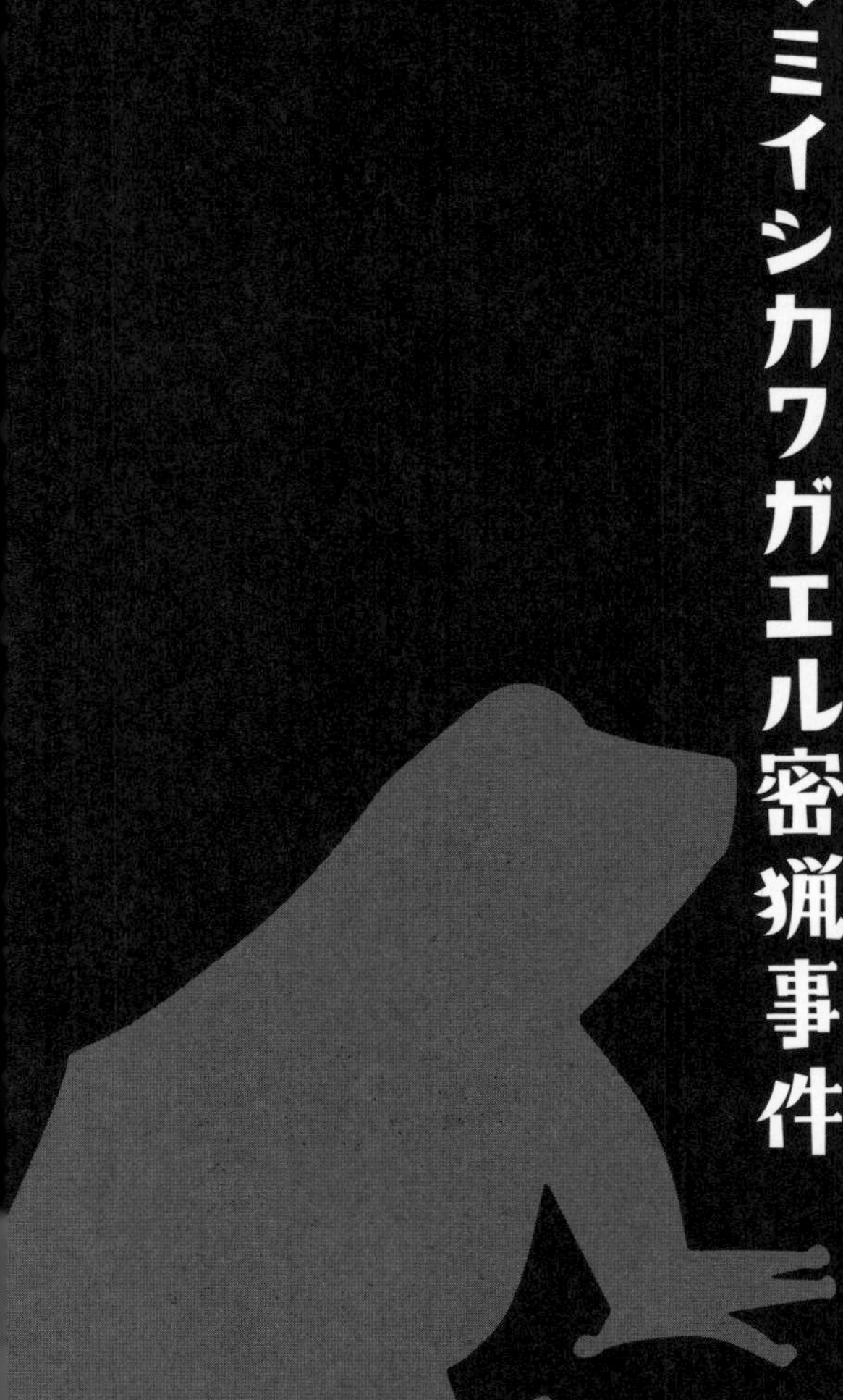

奄美《あまみ》からの電話《でんわ》

二〇一八年《ねん》七月末《がつすえ》のことである。

鹿児島県《かごしまけん》の奄美警察署《あまみけいさつしょ》の竹内警部補《たけうちけいぶほ》から福原警部《ふくはらけいぶ》に、とつぜん電話《でんわ》がかかってきた。

竹内警部補《たけうちけいぶほ》と知《し》り合《あ》ったのは、およそ半年前《はんとしまえ》、生《い》き物事件《ものじけん》についての講演《こうえん》をしに、鹿《か》児島県警察《ごしまけんけいさつ》へ行《い》ったときだった。

竹内警部補《たけうちけいぶほ》の話《はなし》を聞《き》くと、福原警部《ふくはらけいぶ》はおどろくと同時《どうじ》にあきれた。

「ええ？　空港《くうこう》でそんなことがあったのか。」

それは、こんな話《はなし》だった。

6 アマミイシカワガエル 密猟事件

奄美警察署《あまみけいさつしょ》 竹内警部補《たけうちけいぶほ》の話《はなし》

七月《がつ》十九日《にち》、奄美大島《あまみおおしま》の奄美空港《あまみくうこう》でのことです。旅行者《りょこうしゃ》だと名乗《なの》る二人《ふたり》の男《おとこ》が、空港《くうこう》のチェックインカウンターでカエルやヘビの入《はい》ったキャリーバッグを、あずけようとしました。しかし航空会社《こうくうがいしゃ》は環境省《かんきょうしょう》などから『生《い》き物《もの》をあずけるのを禁止《きんし》するように』というはたらきかけがあったため、ことわりました。それで男《おとこ》たちはこまって、飛行機内《ひこうきない》にこっそり持《も》ちこもうとしたのです。ところが手荷物検査《てにもつけんさ》で空港《くうこう》の職員《しょくいん》が、見《み》つけました。荷物《にもつ》の中《なか》を外《そと》から調《しら》べられる、X線検査《エックスせんけんさ》で画面《がめん》にカエルの形《かたち》がはっきりと見《み》えて、おどろいたそうです。

奄美大島《あまみおおしま》は今《いま》、世界自然遺産《せかいしぜんいさん》*登録《とうろく》へ向《む》け、環境《かんきょう》への意識《いしき》が高《たか》まっています。以前《いぜん》でしたら空港《くうこう》の職員《しょくいん》たちもそこまで気《き》にしなかったかもしれませんが、今《いま》は絶対《ぜったい》にゆるしません。

*世界自然遺産《せかいしぜんいさん》…国際連合《こくさいれんごう》によってみとめられ、世界共通《せかいきょうつう》のきちょうなものとして守《まも》るべき「世界遺産《せかいいさん》」に登録《とうろく》された自然環境《しぜんかんきょう》。

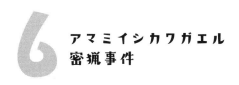

持《も》ちこめないと知《し》ると、男《おとこ》たちは今度《こんど》はべつの航空会《こうくうがい》社《しゃ》から航空荷物《こうくうにもつ》として、成田空港《なりたくうこう》へ送《おく》ろうとしました。

ここでおかしいと思《おも》った航空会社《こうくうがいしゃ》が、警察《けいさつ》に知《し》らせてきたんです。われわれは急《いそ》いで、空港《くうこう》へ行《い》きました。いやあ、おどろきました。

アマミイシカワガエルにアマミハナサキガエル。オカヤドカリやサワガニ。どくのあるヒメハブとトカラハブまで、二十八ぴきもいたんです。

ほとんどがとったり、飼《か》ったりすることが禁止《きんし》されています。スーパーで、おそうざいなどを入《い》れるプラスチックのケースに、そのまま入《い》れてありました。飛行機内《ひこうきない》でにげでもしたら、たいへんなことでしたよ。取《と》りあげた生《い》き物《もの》は奄美大島《あまみおおしま》の博物館《はくぶつかん》や保健所《ほけんじょ》などで、一時的《いちじてき》に保《ほ》

護《ご》してもらっています。

男《おとこ》たちは、とる道具《どうぐ》も、いろいろ持《も》っていました。さおがのびちぢみするあみや懐中電灯《かいちゅうでんとう》、特別《とくべつ》なくま手《で》にはさみ、ペンチまでありました。

深《ふか》い知識《ちしき》をもつ犯人《はんにん》

竹内警部補《たけうちけいぶほ》が話《はな》しおえると、福原警部《ふくはらけいぶ》は質問《しつもん》した。

「ところで、その旅行者二人《りょこうしゃふたり》の名前《なまえ》は何《なに》？」

「名前《なまえ》ですか？　えーと、たしかここに……。」

教《おし》えてもらった名前《なまえ》をきいて、福原警部《ふくはらけいぶ》はわらってしまった。

「その二人《ふたり》は、有名《ゆうめい》だよ。よく知《し》っている。ペットショップの店長《てんちょう》と生《い》き物《もの》について書《か》くライター＊でね。飼《か》うなんて、うそだ。売《う》るために決《き》まっている。」

＊ライター……文章《ぶんしょう》を書《か》くことを仕事《しごと》にしている人《ひと》。

「ほ、ほんとうですか！」

竹内警部補《たけうちけいぶほ》のこうふんぎみの声《こえ》が、福原警部《ふくはらけいぶ》の耳《みみ》のおくにひびいた。

「あの二人《ふたり》が、そんなに有名《ゆうめい》だったとは知《し》りませんでした。売《う》るためにとっていたとしたら、絶対《ぜったい》にゆるせません！」

竹内警部補《たけうちけいぶほ》の報告《ほうこく》により警視庁《けいしちょう》は、鹿児島県警察《かごしまけんけいさつ》と奄美警察署《あまみけいさつしょ》などとともに、合同《ごうどう》で捜査《そうさ》をすることになった。

ところが、この間《あいだ》に「コツメカワウソ売《う》りこみ事件《じけん》」が起《お》きてしまったため、捜査《そうさ》を開始《かいし》したのは、十一月《がつ》の終《お》わりだった。

鹿児島県《かごしまけん》から、柔道《じゅうどう》の達人《たつじん》でもある野原警部補《のはらけいぶほ》とともに、十名前後《めいぜんご》の刑事《けいじ》たちが東京都《とうきょうと》に来《き》て、生《い》きもの係《がかり》とともに捜査《そうさ》に当《あ》たった。捜査《そうさ》が終《お》わり、無事《ぶじ》に捜索令状《そうさくれいじょう》が出《で》ると、東京都内《とうきょうとない》のライターの家《いえ》へ向《む》かった。

四十代《だい》のライターは、警視庁《けいしちょう》と鹿児島県《かごしまけん》の刑事《けいじ》たちがいっしょに来《き》たことに、とてもおどろいた。

6 アマミイシカワガエル密猟事件

「ええっ、なんで来《き》たの?」

「奄美大島《あまみおおしま》で、たいへんなことをやろうとしただろう。」

福原警部《ふくはらけいぶ》は、ぐっとにらんだ。

「あのこと、どうして知《し》っているんだ?」

「奄美署《あまみしょ》が知《し》らせてきたよ。」

「奄美署《あまみしょ》まで知《し》り合《あ》いがいるのか。福原《ふくはら》さんはこわいなあ。」

「そうだよ。なんでもお見通《みとお》しだ。」

ライターは、それっきり何《なに》もいわず、しょげていた。

それから捜索令状《そうさくれいじょう》を見《み》せ、家宅捜索《かたくそうさく》を行《おこな》うことで、ライターの逮捕《たいほ》にこぎつけた。

取《と》り調《しら》べで、ライターは福原警部《ふくはらけいぶ》と野原警部補《のはらけいぶほ》に、くわしいじょうきょうを語《かた》った。

「七月《がつ》十五日《にち》に昼間《ひるま》の飛行機《ひこうき》で奄美大島《あまみおおしま》に行《い》った。その日《ひ》の夜中《よなか》すぎ、十六日《にち》にフェリーで宝島《たからじま》へわたった。この島《しま》だけにしかいない、生《い》き物《もの》がいっぱいいるからさあ。」

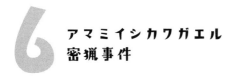

「アオカナヘビやオオシマトカゲだな。」

「そうだよ。この日《ひ》宝島《たからじま》にとまって、十七日《にち》に奄美大島《あまみおおしま》にもどった。」

ライターは、生《い》き物《もの》がたくさんいた宝島《たからじま》の光景《こうけい》を思《おも》い出《だ》したのか、かすかにえみをうかべた。

「それからどうしたんだ？」

「奄美大島《あまみおおしま》ではレンタカーをかりた。夜《よる》になってから、一番《ばん》高《たか》い湯湾岳《ゆわんだけ》という山《やま》に向《む》かったんだ。林道《りんどう》を走《はし》ると、すごいんだよ。車《くるま》のヘッドライトで、カエルのすがたがはっきり見《み》えてさあ。」

「保護《ほご》されたアマミイシカワガエルだな。日本一美《うつく》しいといわれているカエルだぞ。」

「うん。天然記念物《てんねんきねんぶつ》※だとわかっていたんだけど、つい手《て》

アマミイシカワガエル

アカガエル科《か》
体長《たいちょう》：9〜12cm
原産地《げんさんち》：日本（奄美大島《あまみおおしま》）

が出《で》てしまった。」

野原警部補《のはらけいぶほ》はあきれながら、質問《しつもん》をつづけた。

「ところで、どっちが奄美大島《あまみおおしま》に行《い》こうって、さそったんだ？」

「おれだよ。前《まえ》に行《い》ったことがあったから。奄美《あまみ》じゃ、生《い》き物《もの》を持《も》ちだしても、だれも気《き》にしないと思《おも》ったんだよ。」

「それで旅行者《りょこうしゃ》のふりをしたのか。自分《じぶん》で飼《か》うつもりだったなんて、うそだろ！」

「ああ、うそだよ。売《う》るつもりだった。もうしないよ。」

ライターの投《な》げやりな言《い》い方《かた》に、野原警部補《のはらけいぶほ》は思《おも》わずおこって立《た》ちあがった。196センチメートルもある警部補《けいぶほ》の大《おお》きな体《からだ》に、ライターはのけぞった。

「自然遺産《しぜんいさん》に登録《とうろく》されるように、今《いま》、奄美《あまみ》と沖縄《おきなわ》では、天然記念物《てんねんきねんぶつ》の動物《どうぶつ》や植物《しょくぶつ》についてみんなで勉強《べんきょう》しているんだ！　関係者《かんけいしゃ》は、希少《きしょう》な生《い》き物《もの》が持《も》ちだされないように、ものすごく気《き》をつけているんだぞ。」

「そうだったのか。知《し》らなかったよ……。」

＊天然記念物《てんねんきねんぶつ》…めずらしい生《い》き物《もの》などで、とくに国《くに》が決《き》めて保護《ほご》しているもの。

ライターは、うつむいた。

この様子《ようす》を見《み》た福原警部《ふくはらけいぶ》は、ざんねんでならなかった。両生類《りょうせいるい》にかんして、かなり深《ふか》い知識《ちしき》をもつ男《おとこ》だ。それなのに、自然《しぜん》への思《おも》いやりのない犯罪《はんざい》をするなんて。

ライターといっしょだったペットショップの店長《てんちょう》も同時《どうじ》に逮捕《たいほ》された。この店長《てんちょう》は五十代《だい》で、マニアからレジェンドとよばれるほど動物《どうぶつ》にくわしい。その「レジェンド店長《てんちょう》」は、以前《いぜん》にもトカゲの密輸事件《みつゆじけん》を起《お》こし、福原警部《ふくはらけいぶ》の取《と》り調《しら》べを受《う》けていた。

「宝島《たからじま》で、トカラハブもつかまえたんだな。トカラハブは特定動物《とくていどうぶつ》※だから、許可《きょか》がひつようだぞ。」

部下《ぶか》の刑事《けいじ》がこわいほど真《しん》けんなまなざしで問《と》いつめる

トカラハブ

クサリヘビ科《か》

全長《ぜんちょう》：60〜100cm

原産地《げんさんち》：日本（トカラ列島《れっとう》）

と、レジェンド店長《てんちょう》はふっと目《め》をそらした。

「か、飼《か》うためじゃない。ハ、ハブ酒《しゅ》にするつもりだったんだよ。」

このことばをそばで聞《き》いていた福原警部《ふくはらけいぶ》は、はらが立《た》った。ハブ酒《しゅ》は、ハブをつけこんで作《つく》るお酒《さけ》だ。

「そんなうそは通用《つうよう》しないぞ。ペットとして売《う》るのが目的《もくてき》だろ。」

「うそじゃないよ。ほんとだよ……。」

レジェンド店長《てんちょう》の声《こえ》は、どんどん小《ちい》さくなっていく。

「お前《まえ》の部屋《へや》に、酒《さけ》はなかったぞ。ハブ酒《しゅ》なんて、今《いま》まで作《つく》ったことないだろう。」

「そ、そうなんだけど……。すみません。売《う》るためでした。」

「よし。罪《つみ》をみとめたな。」

福原警部《ふくはらけいぶ》は、大《おお》きくうなずいた。

こうして事件《じけん》は、終《お》わった。

ところが、トカラハブは、保護《ほご》してくれていたしせつが閉館《へいかん》し、いる場所《ばしょ》をうしなっ

✱特定動物《とくていどうぶつ》…人《ひと》にとって危険《きけん》なため、飼《か》うには都道府県《とどうふけん》や市《し》の許可《きょか》、登録《とうろく》がひつような生《い》き物《もの》。

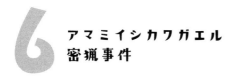

てしまった。

そこで福原警部《ふくはらけいぶ》は、静岡県《しずおかけん》の動物園《どうぶつえん》の園長《えんちょう》、白戸《しらと》さんにれんらくし、トカラハブを引《ひ》き取《と》ってもらうことになった。

「わかった！　すぐ行《い》くよ。」

どくヘビを運《はこ》ぶときは、乗《の》りかえ地点《ちてん》すべてで、許可《きょか》を取《と》らなければならない。

「いやあ、たいへんだったよ。」

手続《てつづ》きを終《お》え、奄美《あまみ》まで行《い》った白戸《しらと》さんは、あせをかきながら、そういって無事《ぶじ》にトカラハブを受《う》け取《と》ったのだった。


しかしレジェンド店長《てんちょう》は、なぜハブをハブ酒《しゅ》にするとうそをついたのだろうか。そして福原警部《ふくはらけいぶ》たちは、なぜそれがうそだとすぐに見《み》ぬけたのだろうか。

思《おも》わぬ落《お》としあな

捜査本部《そうさほんぶ》のいすにすわると、福原警部《ふくはらけいぶ》はつぶやいた。

「ハブ酒《しゅ》にするといえば、罪《つみ》にならないと思《おも》っているんだからな。」

「まったくです。あの情報《じょうほう》が、つたわっているんですね。」

部下《ぶか》のひとりが、くちびるをとがらせた。

マムシやどくヘビなどは、動物愛護法《どうぶつあいごほう》で指定《してい》された許可《きょか》がないと、飼《か》ってはいけない。ところが、ヘビの料理《りょうり》を出《だ》すある料理店《りょうりてん》では、その許可証《きょかしょう》を持《も》たずに、生《い》きたヘビを保管《ほかん》していた。しかしその料理店《りょうりてん》は、警察《けいさつ》にふみこまれたとき、

「これは料理《りょうり》するために保管《ほかん》していたんです。だから食材《しょくざい》です。動物愛護法《どうぶつあいごほう》は、ペットが対象《たいしょう》なんですよね。」

といって、逮捕《たいほ》をのがれてしまったのである。これは、思《おも》わぬ落《お》としあなだった。

この話《はなし》は、生《い》き物関係《ものかんけい》の売《う》り買《か》いをしている人《ひと》たちに、またたく間《ま》に広《ひろ》がった。そのためレジェンド店長《てんちょう》も、「ハブ酒《しゅ》にする」とうそをついたのだ。

「悪《わる》いことほど、すぐつたわるな。」

と、福原警部《ふくはらけいぶ》がなげくと、黒川警部補《くろかわけいぶほ》はなぐさめるようにいった。

「でも福原警部《ふくはらけいぶ》が講演《こうえん》をしたおかげで、奄美《あまみ》では多《おお》くの人《ひと》が希少動物《きしょうどうぶつ》に注目《ちゅうもく》して、気《き》をつけるようになったのではないですか？　それはよいことですよ。奄美《あまみ》は、警部《けいぶ》の出身地《しゅっしんち》の鹿児島県《かごしまけん》にある島《しま》ですし。」

「うーん。そうかな。」

黒川警部補《くろかわけいぶほ》のことばに、福原警部《ふくはらけいぶ》は少《すこ》してれたようにわらった。

「あのときの講演《こうえん》では、どんな話《はなし》をしたのですか？」

「えーと、あれは、希少動物《きしょうどうぶつ》に関係《かんけい》したことだったな。」

福原警部《ふくはらけいぶ》は、その場《ば》にいた生《い》きもの係《がかり》のわかい刑事《けいじ》たちにも聞《き》かせたかったのだろう。真《しん》けんな目《め》で全員《ぜんいん》の顔《かお》を見《み》てから、話《はな》しはじめた。

福原警部《ふくはらけいぶ》は数年前《すうねんまえ》、「警察庁指定広域技能指導官《けいさつちょうしていこういきぎのうしどうかん》」になり、年《ねん》に四回警察大学校《かいけいさつだいがっこう》で講演《こうえん》をしている。これは、ベテランの得意技《とくいわざ》をわかい警察官《けいさつかん》たちに受《う》けつがせるための役目《やくめ》だ。だから、このようなときに、わかりやすく説明《せつめい》できるのである。

福原警部《ふくはらけいぶ》の話《はなし》

鹿児島県警《かごしまけんけい》では、警察《けいさつ》として「生《い》き物《もの》の多様性《たようせい》」をどうやって守《まも》っていくことができるか、話《はな》したんだ。

まず、この「生《い》き物《もの》の多様性《たようせい》」について話《はな》しておこう。地球上《ちきゅうじょう》の生《い》き物《もの》は、四十億《おく》年《ねん》という長《なが》い歴史《れきし》のなかで、さまざまな環境《かんきょう》におうじて進化《しんか》してきた。それで三千万《ぜんまん》種《しゅ》ともいわれるほどの、いろんな種《しゅ》が生《う》まれた。生《い》き物《もの》は、ひとつひとつちがう個性《こせい》をもっている。動物《どうぶつ》に植物《しょくぶつ》。昆虫《こんちゅう》や魚《さかな》。どれをとっても個性《こせい》ゆたかだろう。みんなちがって、みんないい、だよ。この種《しゅ》の多《おお》さが、「生《い》き物《もの》の多様性《たようせい》」だ。

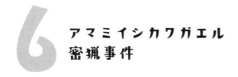

これらのたくさんの生《い》き物《もの》たちは、どこかでつながり合《あ》いささえ合《あ》っている。

たとえば花《はな》は、みつを作《つく》る。そのみつをもとめて、ハチたちがやってくる。みつを食料《しょくりょう》や巣《す》の材料《ざいりょう》にしたりするからだ。そのときにハチの足《あし》に花粉《かふん》がつくことによって、動《うご》くことのできない花《はな》は、ほかの花《はな》に受粉《じゅふん》＊することができる。人間《にんげん》や森《もり》の動物《どうぶつ》たちは、ハチが集《あつ》めてきたみつ

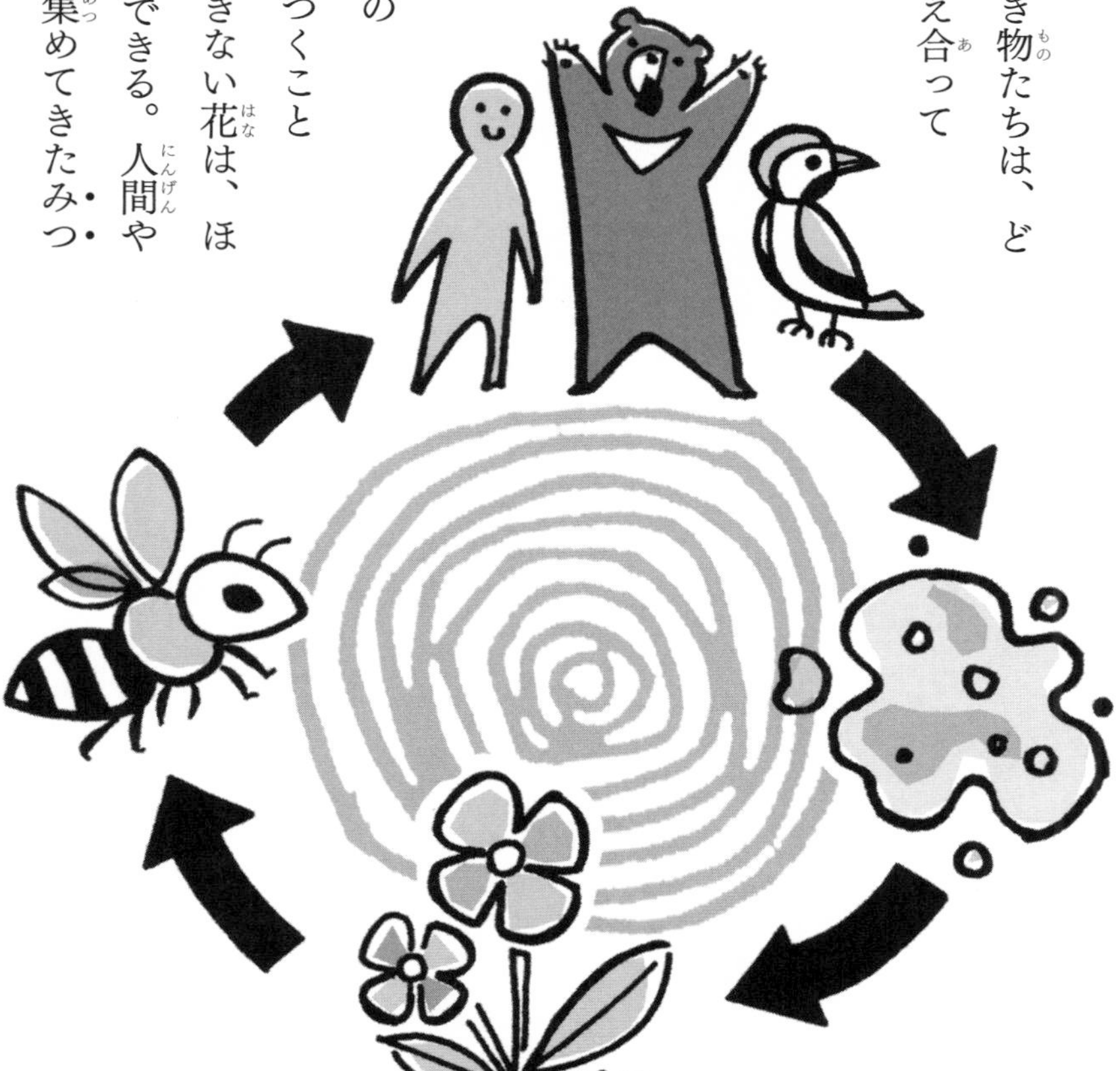

を食《た》べて生《い》きる。動物《どうぶつ》が死《し》ぬと微生物《びせいぶつ》*が養分《ようぶん》に分解《ぶんかい》し、その養分《ようぶん》を植物《しょくぶつ》が栄養《えいよう》にして花《はな》をさかせている。

つまり、地球上《ちきゅうじょう》には微生物《びせいぶつ》からクジラまでさまざまな生《い》き物《もの》が生《い》きていて、ひとつひとつの生《い》き物《もの》は、ほかの生《い》き物《もの》とかかわり合《あ》って生《い》きているということだ。

こうやってかかわり合《あ》って生《い》きている、人間《にんげん》をふくむすべての生《い》き物《もの》は、さらに、いろいろな自然環境《しぜんかんきょう》のなかで生《い》かされている。たとえば海《うみ》と山《やま》。里山《さとやま》に湿地《しっち》。サンゴしょうやブナ林《りん》。河川《かせん》など、数《かぞ》えあげたらきりがない。この自然環境《しぜんかんきょう》とそのなかで生《い》かされているすべての生《い》き物《もの》の関係《かんけい》を、生態系《せいたいけい》という。

最近《さいきん》は、過去《かこ》にれいをみない速《はや》さで、生《い》き物《もの》の絶滅《ぜつめつ》が進《すす》み、生態系《せいたいけい》がみだれている。

その原因《げんいん》のひとつは、確実《かくじつ》に人間《にんげん》によるものなんだ。

文明《ぶんめい》が進《すす》みぜいたくになったとき、人間《にんげん》はアクセサリーなどに使《つか》うぞうげ（ゾウのきば）をとるためにゾウをころした。甲《こう》らからそうしょく品《ひん》を作《つく》るためにタイマイというウミガメをとった。サイの角《つの》やセンザンコウは、薬《くすり》にした。これらの生《い》き物《もの》は今《いま》、み

*受粉《じゅふん》…植物《しょくぶつ》の繁殖方法《はんしょくほうほう》のひとつ。おしべの花粉《かふん》が、めしべの先《さき》につくこと。
*微生物《びせいぶつ》…かびや細菌《さいきん》など、けんび鏡《きょう》でなければ見《み》えないほど小《ちい》さな生《い》き物《もの》。

んな絶滅《ぜつめつ》の危機《きき》にある。現代《げんだい》では、プラスチックごみ問題《もんだい》や公害《こうがい》などの環境《かんきょう》破壊《はかい》。それに、本来《ほんらい》いない場所《ばしょ》に持《も》ちこまれた外来生物《がいらいせいぶつ》の問題《もんだい》や、人《ひと》が管理《かんり》しなくなったため、里山《さとやま》があれてしまったことなども原因《げんいん》だ。

こうして、ある種類《しゅるい》の生《い》き物《もの》が急《きゅう》にへると、生態系《せいたいけい》のバランスがみだれ、そのほかの生《い》き物《もの》の数《かず》にもえいきょうする。種《しゅ》がほろびるのを放《ほう》っておくと、いつか人間《にんげん》の絶滅《ぜつめつ》の危機《きき》にもつながってしまう。生《い》き物《もの》は、どこかでつながっているからな。

こうした事態《じたい》を食《く》いとめるために、ワシントン条約《じょうやく》やラムサール条約《じょうやく》*ができた。鹿児島県《かごしまけん》では、警察官《けいさつかん》としても生態系《せいたいけい》のみだれをふせぐために、密猟者《みつりょうしゃ》を見《み》つけるポイントなどを具体的《ぐたいてき》に指導《しどう》した。

その後《ご》、奄美大島《あまみおおしま》自然《しぜん》保護《ほご》協議会《きょうぎかい》の人《ひと》に希少動物《きしょうどうぶつ》の生息地《せいそくち》とぬすまれた現場《げんば》を案内《あんない》してもらい、希少《きしょう》な生《い》き物《もの》たちを持《も》ちさられないよう、協力《きょうりょく》し合《あ》うことがひつようだと話《はな》し合《あ》ったんだ。

自分《じぶん》たちで守《まも》ろう！

二〇一九年《ねん》三月《がつ》、鹿児島県警《かごしまけんけい》や航空会社《こうくうがいしゃ》など十四の団体《だんたい》が、「密猟《みつりょう》・密輸対策《みつゆたいさく》れんらく会議《かいぎ》」を開《ひら》いた。ここでは、かぎられた検査時間内《けんさじかんない》で、持《も》ち出《だ》し禁止《きんし》の希少種《きしょうしゅ》かどうかを見分《みわ》けるむずかしさについて、話《はな》し合《あ》われた。

「あまみ大島森林組合《おおしましんりんくみあい》」では、アマミアワゴケなどの希少種《きしょうしゅ》の違法《いほう》な持《も》ち出《だ》しをふせぐために、パトロールを強化《きょうか》した。アマミアワゴケは、一九九五年《ねん》に奄美大島《あまみおおしま》で発見《はっけん》された、この地域《ちいき》にのみ生息《せいそく》する種《しゅ》だ。ほかにも、アマミアセビやアマミスミレなど、奄美大島《あまみおおしま》やその近《ちか》くにしかいない植物《しょくぶつ》はたくさんある。

奄美大島内《あまみおおしまない》の五《いつ》つの市町村《しちょうそん》でつくる「奄美大島自然保護協議会《あまみおおしましぜんほごきょうぎかい》」は、山《やま》の中《なか》に監視《かんし》カメラを三十基《き》おいた。もし違法《いほう》な持《も》ち出《だ》しが行《おこな》われた場合《ばあい》は、鹿児島県警《かごしまけんけい》に情報《じょうほう》を教《おし》えて、捜査《そうさ》の役《やく》に立《た》ててもらおうとしている。

＊ラムサール条約《じょうやく》…水鳥《みずどり》の生息《せいそく》する湿地《しっち》と、そこにいる動植物《どうしょくぶつ》を守《まも》るための世界的《せかいてき》な条約《じょうやく》。

二〇二一年夏《ねんなつ》、奄美大島《あまみおおしま》をふくむ「奄美《あまみ》・沖縄《おきなわ》」は、世界自然遺産《せかいしぜんいさん》に登録《とうろく》された。奄美《あまみ》のゆたかな自然《しぜん》が、世界《せかい》にほこるべき宝《たから》にふさわしいと、みとめられたのだ。

そのことを知《し》った福原警部《ふくはらけいぶ》は、うれしくてたまらなかった。

「すばらしい！　住民《じゅうみん》たちの意識《いしき》の高《たか》まりが実《み》を結《むす》んだんだな。」

すべての生《い》き物《もの》に深《ふか》いあいじょうを注《そそ》ぐ福原警部《ふくはらけいぶ》は、人《ひと》びととの自然《しぜん》や生《い》き物《もの》に対《たい》する温《あたた》かい活動《かつどう》がむくわれたことに対《たい》し、大《おお》きなよろこびを感《かん》じるのだった。

「生《い》きもの係《がかり》」は今日《きょう》もたたかう

今《いま》でも、生《い》き物《もの》をめぐる事件《じけん》は、つづいている。

世界一美《せかいいちうつく》しいトカゲといわれる、ペレンティーオオトカゲを仕入《しい》れようとした事件《じけん》。日本にあるぞうげを、ラオスへ密輸出《みつゆしゅつ》しようとした事件《じけん》。

アジアアロワナだけではなく、オーストラリアハイギョという熱帯魚《ねったいぎょ》の密輸事件《みつゆじけん》も起《お》きた。一九八〇年代《ねんだい》に、数《すう》十万円《まんえん》から数百万円《すうひゃくまんえん》もしていたアジアアロワナは、今《いま》では数万円《すうまんえん》で手《て》に入《はい》るようになった。登録《とうろく》を受《う》けたようしょく場《じょう》で育《そだ》てられたアジアアロワナが、取《と》り引《ひ》きの規制《きせい》の対象外《たいしょうがい》となったからだ。多《おお》く出回《でまわ》るようになると、めずらしさがなくなり、ねだんも下《さ》がった。すると今度《こんど》はオーストラリアハイギョが、密輸《みつゆ》されるようになったのだ。

福原警部《ふくはらけいぶ》は、うったえる。

「他人《たにん》とはちがう生《い》き物《もの》を飼《か》いたい。人《ひと》からおどろかれるような、めずらしい生《い》き物《もの》を飼《か》い、ゆうえつ感《かん》にひたりたいなどという気持《きも》ち。これが、人《ひと》を禁止《きんし》されている生《い》き物《もの》の飼育《しいく》に走《はし》らせてしまう。

そういう人《ひと》たち、つまり高《たか》くても飼《か》いたい、ほしいという

オーストラリアハイギョ

オーストラリアハイギョ科《か》
全長《ぜんちょう》：150cm
原産地《げんさんち》：オーストラリア

人《ひと》たちの欲望《よくぼう》をみたそうとして、密輸《みつゆ》する者《もの》があらわれる。次《つぎ》から次《つぎ》へと、めずらしい生《い》き物《もの》を見《み》つけだし、もうかるからといって、危険《きけん》をおかしてでも、密輸《みつゆ》をする。かれらはなぜ犯罪《はんざい》をおかす方向《ほうこう》へ走《はし》ってしまうのか。それは、自分《じぶん》のことしか考《かんが》えていないからだ。自分《じぶん》のためだったら、生《い》き物《もの》をぎせいにしてもいいと考《かんが》えている。

希少《きしょう》な生《い》き物《もの》がへることは、世界《せかい》の生態系《せいたいけい》をくずす原因《げんいん》になりかねない。生態系《せいたいけい》がこわれれば、人間《にんげん》の未来《みらい》はない。」

生《い》き物《もの》たちが幸《しあわ》せでいられるため、子《こ》どもたちに明《あか》るい未来《みらい》をのこすために「生《い》きもの係《がかり》」は、今日《きょう》もたたかっている。

日本の自然《しぜん》遺産《いさん》

日本には2021年《ねん》11月《がつ》時点《じてん》で、5カ所《しょ》の地域《ちいき》が自然遺産《しぜんいさん》に登録《とうろく》されています。どれも、人類共通《じんるいきょうつう》の財産《ざいさん》として、守《まも》っていかねばならない自然《しぜん》の風景《ふうけい》です。

知床《しれとこ》（北海道《ほっかいどう》）

流氷《りゅうひょう》が生《う》みだす海《うみ》の生態系《せいたいけい》と、川《かわ》、山《やま》の生《せい》態系《たいけい》がからむゆたかな自然環境《しぜんかんきょう》が特《とく》ちょう。天然記念物《てんねんきねんぶつ》オオワシが冬《ふゆ》をすごす場所《ばしょ》としても知《し》られる。

白神山地《しらかみさんち》（青森県《あおもりけん》・秋田県《あきたけん》）

ブナの原生林《げんせいりん》（昔《むかし》から一度《いちど》も人手《ひとで》が加《くわ》えられたことがない、自然《しぜん》のままの森林《しんりん》）が広《ひろ》がる。天然記念物《てんねんきねんぶつ》であるクマゲラやイヌワシなどの鳥《とり》が生息《せいそく》。

小笠原諸島《おがさわらしょとう》（東京都《とうきょうと》）

火山列島《かざんれっとう》で、さまざまな小《ちい》さな島《しま》からなっている。このうち一部《いちぶ》の陸《りく》と海《うみ》が自然遺産《しぜんいさん》に登録《とうろく》された。島《しま》の中《なか》でどく自《じ》の進化《しんか》をとげた生《い》き物《もの》が多《おお》く生息《せいそく》。

奄美《あまみ》・沖縄《おきなわ》（沖縄県《おきなわけん》）

屋久島《やくしま》（鹿児島県《かごしまけん》）

けわしい山《やま》やまからなる島《しま》。年《ねん》れいが数千《すうせん》年《ねん》ともいわれる「縄《じょう》文杉《もんすぎ》」をはじめとする、スギの森《もり》が有名《ゆうめい》。

福原警部《ふくはらけいぶ》からのメッセージ

「消《き》えたレッサーパンダを追《お》え！　警視庁《けいしちょう》『生《い》きもの係《がかり》』事件簿《じけんぼ》」はいかがでしたか。警察《けいさつ》に、生《い》き物《もの》の捜査《そうさ》を専門《せんもん》とする係《かかり》があるなんて、おどろいたことでしょう。

ところで、梅雨《つゆ》の季節《きせつ》、民家《みんか》の軒先《のきさき》では、ツバメが巣《す》を作《つく》って卵《たまご》を産《う》んで子育《こそだ》てをします。わが家《や》の近《ちか》くにある交番《こうばん》の赤灯《せきとう》のところにも、巣《す》を作《つく》って子育《こそだ》てをしている様子《ようす》を毎年見《まいとしみ》ます。なぜ、ツバメは人《ひと》の近《ちか》くでヒナを育《そだ》てるのでしょうか。

それは、人《ひと》がいれば、子育《こそだ》ての敵《てき》である、ネズミやヘビが来《こ》ないということを知《し》っているからです。また、みなさんはもしかしたら、親《おや》や先生《せんせい》から、はるばる南国《なんごく》から旅《たび》してきたツバメに、いたずらをしないように教《おし》えられているかもしれません。人《ひと》はなぜ、ツバメを大切《たいせつ》にするのでしょうか。それは、ツバメたちが子育《こそだ》てのため、田《た》んぼの害虫《がいちゅう》を食《た》べることによってイネを守《まも》り、秋《あき》にイネの恵《めぐ》みをわたしたちにあたえてくれるからです。生《い》き物《もの》は、おたがいに、ちがう種《しゅ》の生存《せいぞん》をささえているのです。そのささえるバランスが、いつまでもとれるように、わたしたち生《い》きもの係《がかり》は、法律《ほうりつ》にしたがい、生態系《せいたいけい》をおびやかす人間《にんげん》を取《と》りしまっています。

皆《みな》さんにおねがいしたいことは、身近《みぢか》な生《い》き物《もの》を大切《たいせつ》にしてほしいということです。そうすることが、わたしたち生《い》きもの係《がかり》の活動《かつどう》と同様《どうよう》に、地球環境《ちきゅうかんきょう》を守《まも》っていくことにつながるのです。

福原秀一郎《ふくはらしゅういちろう》

出《で》てくる主《おも》な生《い》き物《もの》をまとめました

この本《ほん》に登場《とうじょう》する生《い》き物《もの》リスト

※ワシントン条約《じょうやく》ではリスト（附属書《ふぞくしょ》）に登録《とうろく》している生《い》き物《もの》を三段階《さんだんかい》に分類《ぶんるい》しています。ⅢからⅡ、そしてⅠになるにつれて、絶滅《ぜつめつ》のおそれが高《たか》くなります。

	ファイル1
生《い》き物《もの》の名前《なまえ》	**レッサーパンダ**
登場《とうじょう》ページ	p14
大《おお》きさ	体長（尾をのぞいた長さ）51～64cm
原産地《げんさんち》	アジア中央部
主《おも》な特《とく》ちょうなど	かわいらしい見《み》た目《め》ですが、爪《つめ》や歯《は》はするどく、あまり人間《にんげん》になつきません。木登《きのぼ》りがじょうずです。
ワシントン条約《じょうやく》／天然記念物《てんねんきねんぶつ》への登録《とうろく》じょうきょう	附属書Ⅰ

ホウシャガメ	p15	甲長（背中の甲らの長さ）40cm	マダガスカル	マダガスカルホシガメともよばれます。甲《こう》らにあるもようは、まわりの風景《ふうけい》にとけこんで身《み》をかくすためです。	附属書I
ブラウンキツネザル	p20	体長35～45cm	マダガスカル	茶色《ちゃいろ》っぽい体《からだ》と、オレンジ色《いろ》の目《め》が特《とく》ちょうです。森林《しんりん》に生息《せいそく》し、木《き》からほとんど下《お》りずにくらします。	附属書I
ワオキツネザル	p20	体長39～46cm	マダガスカル	「輪《わ》」のようなもようの「尾《お》」であることから、この名前《なまえ》がつけられました。	附属書I
エジプトリクガメ	p21	甲長8～14cm	アフリカ北部、中東の一部の地域	かなり小型《こがた》のリクガメです。尾《お》のはしには、とげのようなうろこがあります。	附属書I
ワタボウシタマリン	p22	体長20～29cm	南アメリカ北部	ワタボウシパンシェともよばれるサルです。頭《あたま》には、白《しろ》くて長《なが》い毛《け》がたくさん生《は》えています。	附属書I
アカテタマリン	p25	体長25～35cm	南アメリカ北部	大《おお》きな耳《みみ》と長《なが》いしっぽをもつ小型《こがた》のサルで、手足《てあし》はあざやかなオレンジ色《いろ》をしています。	―
ミナミクモノスガメ	p30	甲長13～15cm	マダガスカル	甲《こう》らにクモの巣《す》のようなもようがある、小型《こがた》のリクガメです。	附属書I
インドホシガメ	p30	甲長30～38cm	南アジア	単《たん》にホシガメともよばれるリクガメです。甲《こう》らのもようが星《ほし》のようにみえるので、この名前《なまえ》がつけられました。乾燥《かんそう》した林《はやし》や砂丘《さきゅう》などに生息《せいそく》します。	附属書I

ファイル2					
ヘサキリクガメ	p50	甲長40㎝	マダガスカル	イニホーラリクガメともよばれます。おなか側《がわ》の甲《こう》らの前《まえ》部分《ぶぶん》が出《で》っぱっています。	附属書Ⅰ
マレーガビアル	p53	全長3~5m	東南アジアの一部の地域	ガビアルモドキともよばれます。口《くち》の部分《ぶぶん》が細長《ほそなが》く、なめらかなのが特《とく》ちょうのワニです。	附属書Ⅰ
ブラックマンバ	p59	全長2~4m	アフリカ東南部	とても強《つよ》い毒《どく》をもつヘビです。時速《じそく》16㎞ほどの速《はや》さで、すべるように進《すす》みます。体《からだ》の色《いろ》は薄緑色《うすみどりいろ》や灰色《はいいろ》で、口《くち》の中《なか》が黒色《くろいろ》になっています。	—
ファイル3					
リスザル	p72	全長32㎝	南アメリカ北部	熱帯雨林《ねったいうりん》に生息《せいそく》しているサルです。体《からだ》の大《おお》きさや色《いろ》がリスに似《に》ています。	—
スローロリス	p76	体長25~37㎝	アジア東南部	サルの仲間《なかま》です。ひじの内側《うちがわ》から出《だ》す液体《えきたい》とつばを混《ま》ぜ合《あ》わせて毒《どく》をつくります。	附属書Ⅰ
ヒルヤモリ	p98	全長22~30㎝	マダガスカル	ヒルヤモリには、多《おお》くの種類《しゅるい》がいます。この本《ほん》に登場《とうじょう》したのはグランディスヒルヤモリです。	附属書Ⅱ
ファイル4					
アジアアロワナ	p103	体長1m	東南アジア	大昔《おおむかし》からほとんどすがたを変《か》えていない古代魚《こだいぎょ》です。湿地《しっち》や、おだやかな川《かわ》に生息《せいそく》します。	附属書Ⅰ

ファイル5					
コツメカワウソ	p128	体長45~61cm	南アジア、東南アジア、東アジアの一部の地域	川辺《かわべ》や湿地《しっち》などに、グループをつくってくらす小型《こがた》のカワウソです。活発《かっぱつ》で好奇心《こうきしん》の強《つよ》い性格《せいかく》です。	附属書Ⅰ
ファイル6					
アマミイシカワガエル	p142	体長9~12cm	日本(奄美大島)	「金色《きんいろ》にかがやくカエル」という意味《いみ》の学名《がくめい》がついています。「キョーッ」と鳴《な》きます。	鹿児島県の天然記念物
アマミハナサキガエル	p142	体長6~10cm	日本(奄美大島、徳之島)	鼻《はな》が顔《かお》の先端《せんたん》にあることからこの名前《なまえ》がつけられました。「ピヨピヨ」と鳥《とり》のように鳴《な》きます。	鹿児島県の天然記念物
オカヤドカリ	p142	甲長4cm	日本(奄美大島以南)、南太平洋、インド洋	陸《りく》にすむヤドカリです。日本のオカヤドカリはすべて天然《てんねん》記念物《きねんぶつ》に指定《してい》されています。	国の天然記念物
サワガニ	p142	甲幅2.5cm	日本(青森県~屋久島)	丸《まる》みを帯《お》びた四角形《しかくけい》の甲《こう》らをもつカニです。水《みず》のきれいな川《かわ》の上流《じょうりゅう》にいます。体《からだ》の色《いろ》は場所《ばしょ》によってちがいます。	—
ヒメハブ	p142	全長30~80cm	日本(奄美諸島、沖縄諸島)	毒《どく》ヘビです。毒《どく》は弱《よわ》く、あまり動《うご》きまわりません。沖縄《おきなわ》の方言《ほうげん》で「ニーブヤー(寝《ね》てばかりの人《ひと》)」ともよばれます。	—
トカラハブ	p142	全長60~100cm	日本(トカラ列島)	毒《どく》ヘビですが、ハブとくらべるとおとなしく毒《どく》も弱《よわ》いです。背中《せなか》には小《ちい》さな円形《えんけい》のもようがならんでいます。	—

アオカナヘビ	p146	全長20～25cm	日本（トカラ列島以南）	長《なが》いしっぽをもつ、あざやかな緑色《みどりいろ》のトカゲです。庭先《にわさき》や林《はやし》など草地《くさち》に生息《せいそく》し、草《くさ》や木《き》によく登《のぼ》ります。	―
オオシマトカゲ	p146	全長19～20cm	日本（トカラ列島、奄美諸島）	体《からだ》に金色《きんいろ》がかった筋《すじ》のもようがあるトカゲです。オキナワトカゲと似《に》ていますが、べつの種《しゅ》です。	―
タイマイ	p155	甲長50～110cm	太平洋、大西洋、インド洋の熱帯・亜熱帯域	カメの仲間《なかま》です。美《うつく》しいモザイクもようの甲《こう》らは、アクセサリーの原料《げんりょう》として乱《らん》かくされる原因《げんいん》にもなっています。	附属書Ⅰ
センザンコウ	p155	体長33cm～145cm	アジアやアフリカ	毛《け》が変化《へんか》してできた、かたいうろこをもち、アルマジロに似《に》たすがたをしています。	附属書Ⅰ
アマミアワゴケ、アマミアセビ、アマミスミレ	p157	―	日本（奄美大島。アマミスミレのみ、沖縄本島北部にも生息）	アマミアワゴケはわずか数《すう》ミリの多年草《たねんそう》です。アマミアセビは大《おお》きな白《しろ》い花《はな》をさかせます。一方《いっぽう》、アマミスミレの花《はな》は小《ちい》さく、1～2cmほどのサイズです。	―
ペレンティーオオトカゲ	p158	全長190cm	オーストラリア	オーストラリア最大《さいだい》のトカゲです。長《なが》い首《くび》としっぽをもち、全身《ぜんしん》には斑点《はんてん》のもようがあります。	附属書Ⅱ
オーストラリアハイギョ	p158	全長150cm	オーストラリア	「生《い》きた化石《かせき》」ともよばれる古代魚《こだいぎょ》です。えらだけではなく、肺《はい》も使《つか》って呼吸《こきゅう》をするハイギョの仲間《なかま》です。	附属書Ⅱ

主《おも》な参考文献《さんこうぶんけん》・ホームページ

・福原秀一郎『警視庁　生きものがかり』（講談社　2017年）
・大渕希郷『絶滅危惧種　救出裁判ファイル』（実業之日本社　2015年）
・『絶滅動物と危惧種』（宝島社　2017年）
・子どもの科学編集部編『消えゆく野生動物たち　そのくらしと絶滅の理由がわかる絶滅危惧種図鑑』（誠文堂新光社　2014年）
・ルーファス・ベラミー著、岩淵孝監修『野生生物をまもる』（ほるぷ出版　2006年）
・読売新聞社会部編『子どものニュースウイークリー　2009年度版』（中央公論新社　2009年）
・池上彰監修、こどもくらぶ編『ニュースに出てくる国際条約じてん4　環境』（彩流社　2014年）
・国松俊英『鳥のいる地球はすばらしい　人と生き物の自然を守る』（文溪堂　2016年）
・桑原康生『オオカミの謎　オオカミ復活で生態系は変わる!?』（誠文堂新光社　2014年）
・川端裕人『オランウータンに森を返す日』（旺文社　2000年）
・小川泰平『ニッポンの刑事たち』（講談社　2016年）
・宍倉正弘『警察官になるには』（ぺりかん社　2009年）
・江平憲治ほか『鹿児島県立博物館研究報告　14号』（鹿児島県立博物館　1995年）
・ジュニアエラ編集部編『ジュニアエラ　2017年11月号』（朝日新聞出版）
・『月刊ニュースがわかる　2017年2月号』（毎日新聞出版）
・今泉忠明『新世界絶滅危機動物図鑑５　爬虫・両生・魚類』（学研　2003年）
・『学研の図鑑LIVE　爬虫類・両生類』（学研　2016年）

・世界自然保護基金ジャパン（WWFジャパン）ホームページ
https://www.wwf.or.jp/
・日本自然保護協会ホームページ
https://www.nacsj.or.jp/
・環境省ホームページ
https://www.env.go.jp/
・環境省ホームページ「日本の外来種対策」
https://www.env.go.jp/nature/intro/
・東京税関ホームページ
https://www.customs.go.jp/tokyo/
・国立環境研究所ホームページ
https://www.nies.go.jp/

取材協力：警視庁、この本に登場する各動物園や施設　ほか
写真提供：警視庁　※別にクレジットのあるものをのぞく。

文：たけたにちほみ
千葉県生まれ。『あけるなよこのひき出し』（TBSブリタニカ）で第5回毎日童話新人賞、第11回児童文芸新人賞受賞。『こらまてせいそうしゃ』（PHP電子）で第2回キッズエクスプレス21絵本大賞（団体）受賞。作品に『しょうぼうしゃをさがせ』、『パパのはなしじゃねむれない』（いずれもPHP研究所）、『パパのしっぽはきょうりゅうのしっぽ!?』（ひさかたチャイルド）、『「おさかなポスト」が教えてくれること』（佼成出版社）など。『わきだせ！いのちの水』（フレーベル館）で第6回児童ペン賞ノンフィクション賞受賞。

絵：西脇《にしわき》せいご
兵庫県生まれ。アニメーション背景美術画、ゲームグラフィックデザインを経て、在阪テーマパーク商品開発部に入社。企画デザイン・商品用イラスト制作に携わる。その後2009年に独立。
以後フリーランスのイラストレーターとして活動。主な作品に『おえかきずかん』（コクヨ）、横浜市立野毛山動物園のイラストやリーフレットなどのデザイン等がある。その他、児童書のイラスト、雑貨やアパレルメーカーの商品デザインなどを手がける。

環境ノンフィクション
消えたレッサーパンダを追え！
警視庁「生きもの係」事件簿

2020年10月27日　第1刷発行
2024年 6 月20日　第6刷発行

文　たけたにちほみ
絵　西脇せいご
ブックデザイン　辻中浩一＋小池万友美（ウフ）

発行人　土屋徹
編集人　芳賀靖彦
企画編集　永渕大河
編集協力　堀内眞里
DTP　アド・クレール
校正　上埜真紀子

発行所　株式会社Gakken
〒141-8416　東京都品川区西五反田2-11-8
印刷所　図書印刷株式会社

この本に関する各種お問い合わせ先
●本の内容については、下記サイトのお問い合わせフォームよりお願いします。
https://www.corp-gakken.co.jp/contact/
●在庫については　Tel 03-6431-1197（販売部）
●不良品（落丁、乱丁）については　Tel 0570-000577
学研業務センター　〒354-0045 埼玉県入間郡三芳町上富279-1
●上記以外のお問い合わせは　Tel 0570-056-710（学研グループ総合案内）

※この本《ほん》に登場《とうじょう》する人名《じんめい》、施設名《しせつめい》は一部《いちぶ》をのぞき、すべて仮名《かめい》です。